別在該理財的年紀選擇放棄

崴爺 著

人生在走，財商要有

什麼叫做把生命掌握在自己手裡？
也許我們很難答得很具體，
但是最重要的是不要放棄投資自己，
更不要因為麻煩而放棄理財！

平凡生活，不是形容一種穩定的狀態，
而是你有能力去應付生活裡前仆後繼的不穩定。

正是因為平凡的生活得之不易，才必須趁著年輕特別努力，
當你擁有對抗不穩定的能力，才能有底氣告訴自己「好好生活」；
當你努力之後，才有資格說「平凡真好」。

青春，總會過完的。
當沒了青春，還剩下什麼？
你能剩下的，不就是年輕時努力經營而擁有的東西？

用年輕的汲汲營營，換未來的遊刃有餘。
我想，這就是你現在該努力的目的。

Chapter 1

理財，先理心

理財，先理心；心不定，財不聚。

目錄

Chapter 2

好好退休，現在開始

歲月靜好是有價格的，好好生活是有門檻的。

Chapter 3

買房買股，切莫人云亦云

不懂就去買，那是「投機」；你懂才買，才叫「投資」。

目錄

Chapter 4

財商實戰，金牛座的悶燒投資術

能力所及，遊刃有餘。

自序

老媽，我，和那台綠色DUKE機車

從小就知道我的媽媽和別人家的媽媽不太一樣，因為大家都叫她「泰國新娘」，自然而然，我也跟著被叫做「泰國囝仔」。

媽媽雖然會講國語，但她不太會寫中文字，放學後，我媽常把我叫到廚房，拿著她自己的國小生字簿和原子筆，要我教她怎麼寫中文；她一直覺得自己的簽名很醜，所以本子上寫最多的就是她的名字。

等爸爸下班回來，她才把生字簿收進櫥櫃的抽屜裡。

老媽人生開外掛

老媽在我念高中之前都沒有出門工作的經驗，偶爾她會和鄰居拿一些家庭手工回來做。

她挑過茶葉，把整袋烘乾的茶葉倒在大大的竹篩上，然後一點一點地把茶葉和茶葉梗分開，這樣挑一斤茶葉，可以賺到十幾塊錢；她組裝過耳環，用熱熔槍把鉤子鑲在珠子上，再用幾個零件組成一副漂亮的耳環，她還偷藏了幾副ＮＧ品，自己戴著。

我最討厭在電路板上打洞的手工，因為家裡的客廳得擺著一台很醜的打洞機，空氣裡還會瀰漫著一股化學味。

放假的時候，我常陪著她一起工作，她會給我一些工資當作零用錢。

老媽一直是全職家管，爸爸每個月會給她家用，但那些錢應該只能應付生活上的柴米油鹽，就算想要藏私房錢，也所剩無幾。

她每年會寄一些錢回泰國老家，每次和爸爸拿錢，都會被唸一遍；我記得我和老媽說過：「將來我賺錢了，會給妳很多錢寄回家。」

當我唸高中的時候，老媽的主婦生涯發生了改變。

那年，老爸退休，媽媽和他說，想和朋友一起到工廠上班，幫忙照料工廠裡的泰籍員工，爸爸答應了。

那個工廠離家有些距離，完全不會騎機車的老媽，不知道哪生出來的勇氣，居然考到了駕照，每天自己騎車到工廠上班。

看她騎車小心翼翼的模樣，我不知好歹地虧她：「媽，妳騎這麼慢，我用跑步都能追上妳欸……。」

就這樣，她從我高一開始，變身成為一位大齡職業婦女。之後的人生，像是開了外掛，以前沒有收入、連提款卡都不會用的老媽，竟然知道要在銀行辦定存、知道可以跟會。

兒子的罩門

高中時代的我是個很混的學生，下課時間和同學泡在KTV、打保齡球，考試也常常臨時抱佛腳、低空飛過。

不管玩到多晚，老媽都會坐在客廳，點著一盞小燈等我。

有一次，真的太誇張了，我喝了不少啤酒，滿身酒味回到家裡，老媽依舊坐在客廳等我。

我衝到馬桶吐了一堆，她看到我這麼不成材的樣子，眼眶泛紅地對我說：「我家裡從來沒有一個讀大學的人，好希望我的兒子可以考上大學。」

媽媽的眼淚永遠是兒子的罩門；她的這句話，把散漫糜爛的我打醒了。

大學聯考的前半年，我真的很拚，把之前上課沒聽、沒唸的進度全都追上了，一心想著可以吊車尾，考上大學，讓老媽開心。

記得收到大學成績單那天，爸爸、老媽和我，緊張地圍成一圈，小心地把成績單打開，媽媽看到上面的分數，心急地問爸爸：「報得到學校嗎？」

爸爸大聲地和她說：「這分數不錯，妳兒子考上了！」

老媽不希望我唸太遠的學校，所以我選了一所離家最近的大學。

入學前，在成功嶺當了兩個月的大頭兵。退役那天，回到家，看見家門口停著一台全新的墨綠色 DUKE 125 機車，我還以為是家裡有客人。

看到兩個月沒見的兒子，老媽非常開心，把我拉到門口，驕傲地指著那台 DUKE：「兒子，這是買給你的新車，以後你就騎著它去學校，記得要戴安全帽、不要騎太快……。」

咳，我當場就演出了三秒落淚的戲碼，實在太丟臉了。

這台 DUKE，可是老媽每天騎著機車到工廠工作，一點一點攢來的啊。

經濟獨立，才能活出底氣

寫這本書的過程，我回想起這些片段，發現老媽曾經是個沒有安全感的女人，一個人遠嫁來到台灣、沒有經濟能力，過著沒有太多選擇的日子。

當她擁有經濟上的小小自由，我才終於看見她活出自己的樣子。

「什麼叫做把生命掌握在自己手裡？」得到經濟獨立、懂得投資理財，你才可能把生命掌握在自己手裡啊。

生活裡不安、恐懼的問題，大多數可以用金錢來解決；生命裡的幸福，大多數也可以靠金錢來守護。

你每天提心吊膽地和自己說：「再不理財，以後怎麼辦？」但隔天又給了自己一個：「等有錢再說吧。」的台階下。

你看似無奈地說：「可是……我沒有數字觀念，也不懂投資。」其實你不過是在幫自己的懶惰找藉口，年輕的時候逃避人生課題，等年紀大了，「被死當」

也只是必然的結局。

你一有錢，就買名牌、吃大餐，急著幫自己的虛榮買單；你經常性過度消費，把「今朝有酒今朝醉」當成活在當下的表現，青春被恣意揮霍，下流老人就是你的宿命。

聽別人說「錢不重要」，你就信以為真？事實上，說這些話的人早已財富自由，你的信用卡帳單還在分期付款。

你常和同事抱怨慣老闆、工作爛，幾年之後，大家都已經另有高就，你還是沒有說走就走的底氣。

你有理想，但不進取；你羨慕別人有錢，卻不努力；在該理財的年紀，選擇輕易放棄，這樣的手掌裡握不住幸福，只被人生寫個大大的「慘」字。

討論投資理財，一點都不市儈俗氣；放棄投資理財，才會活得一身晦氣。我從老媽身上看到了改變，經濟自由才可以讓一個人自帶氣場，漂漂亮亮、瀟瀟灑灑地活著。

我以過來人的身分，告訴想躺平的你：「別在該理財的年紀，選擇放棄！」

不管是二十歲的小白、三十歲的新手，或是坐四奔五、還在裹足不前的大人，
現在把理財當回事，都還有翻轉人生的機會。

這是我第五本書，獻給我的老媽，也獻給親愛的你們。

Chapter 1

理財，先理心

理財，先理心；心不定，財不聚。

透過「理心」的過程，去檢視、調整生活中的物慾，再透過正確的「理財」方式，有紀律地長期投資與收入，換取人生的自由。

01

別把自己活成「精緻窮」！

你身邊應該有一、兩個這樣的朋友，不管有錢沒錢，只問自己夠不夠潮。新款手機一上市，立刻入手；當季名牌新品到櫃，火速買單⋯⋯。

這讓我想起多年前認識的一個朋友。

剛認識的時候，覺得她根本就是個「行走的名牌專櫃」，L 牌的包包、G 牌的洋裝、J 牌的高跟鞋，連香水都非 C 牌不可；朋友們約吃飯，她只願意約在高檔餐廳；我一度以為她是個富家千金。

認識久了，越來越瞭解她的個性。

她的時尚 icon 是《慾望城市》（*Sex and the City*）的凱莉．布雷蕭（Carrie Bradshaw），人生以追求「精緻」為己任，眼裡容不下「粗俗」的事物。

她是那種會用「全身行頭」去判斷要不要和一個人交朋友的人；三不五時會嫌棄「長得沒那麼精緻」、「穿得沒那麼時尚」的無辜路人。

因為三觀不合，所以我和這個朋友漸行漸遠了。

／

某天，許久沒聯絡的她突然約我吃飯，一時想不出推託的台詞，只能答應。

碰面之後，她先制式的閒聊一番，後來話鋒一轉，說自己經營公司，因為廠商付款日拖很久，急需現金周轉，想和我調錢，承諾我一週後歸還。

我心裡想著：「她應該不是沒錢還的人吧！」最後還是答應借錢給她了。

第一次，她如期還款，緊接著又借了第二次、第三次……，金額越借越大、還款時

「人生」的本質，
本來就是「不精緻」的啊！
如果不能擁抱這些粗糙的部分，
你就無法真正地接納自己。

間越拖越久，我心裡開始覺得不對勁。

陸續有朋友提醒我，她借錢不是為了公司周轉，而是要為她的「精緻生活」買單！花費入不敷出的她，四處和朋友借錢，模式一模一樣，先借小錢、準時還，後來越借越多、越還越晚，最後索性避不見面。

後來她又和我借錢，當我明確地拒絕之後，她從此再也沒理過我。這事過了好幾年，我竟然在社會新聞看到她的名字和照片。她因為詐財被抓了，人生再也精緻不起來了。

有一個名詞叫做「精緻窮」，是形容沒有足夠能力，卻硬要消費超標的人，似乎以為裝得「精緻」，就能忘記自己「真的窮」。

你／妳知道嗎！

妳和凱莉·布雷蕭之間的距離，是她努力地拚事業，而妳只是買了和她一樣的名牌包。

你和彭于晏之間的距離，是他努力運動健身，而你只是買了一雙和他同款的運動鞋，如此而已。

有人這樣說過：「所謂精緻，並不需要靠過度消費。」每天把自己打理得乾乾淨淨，這是精緻；擁有迷人的幽默感，這是高級的精緻；言行舉止讓人如沐春風，這是頂級的精緻。

「人生」的本質，本來就是「不精緻」的啊！如果不能擁抱這些粗糙的部分，你就無法真正地接納自己。

在這個吹捧物質、不斷灌輸我們「人造精緻」的世界，要有多大的勇氣和定力，才能去選擇最適合我們的生活？

生命中最精緻的東西，不在名牌專櫃裡，它不需要身外之物去點亮，靠自己就能閃閃發光。

02

投資理財第一課：別上當，是一種風險控管

當你認真地經營自己的人生，總是會冒出幾個搗蛋鬼，出其不意地打亂你的步調；被朋友騙錢、幫人作保跑路、被廠商倒帳……，這樣的例子真的不勝枚舉，你也一定聽過不少。

聽別人的故事，覺得被騙的人都是傻子，當自己遇上的時候，因為當局者迷，你也變成了傻子。人在江湖走，學會「別上當」是一種「風險控管」，這堂課你一定要學好啊，否則遇上一次大騙子，你的努力都只是枉然。

受騙上當不是最可怕的事，就怕你學不會教訓，又不記取別人的經驗……。

創業初期，好像有種「被騙體質」，常遇到鳥人鳥事，有段時間被搞得身心俱疲。不過現在回頭檢討，只能怪自己當時太嫩，被騙大多是自找的！這些找上門的人、事、物，其實都「有跡可循」。

這幾年，像是被訓練出「敏感體質」，我很容易就可以感受到「一個人」到底正不正派、「一件事」到底合不合理。當我有「好像哪裡怪怪的……」念頭閃過，馬上就會啟動熔斷機制，和他們保持距離。

什麼都「沒問題」，其實「大有問題」

習慣把「沒問題」掛在嘴邊的人，不算是真的壞人，他們只是過度自信又欠缺思考，才會輕易地做出超出能力的承諾。

夫輕諾必寡信，多易必多難。遇上這樣的人，一定要時時留意進度、心裡也要有備案，一旦發現不對勁，要趕快止血善後；把自己的命運，全部交給輕易承諾的人，其實是高風險的行為。

人在江湖走，
學會「別上當」是一種「風險控管」。
這堂課你一定要學好啊！
否則遇上一次大騙子，
你的努力都只是枉然。

這種人並不難對付，要求白紙黑字立下合約，就可以讓他們收斂自信，開始用腦思考。

出了包，卻丟包！

我有一個開製作公司的朋友，幫客戶拍了廣告後遲遲沒收到尾款，當他打電話詢問拖欠款項的負責人，對方竟然說：「我也沒收到廠商的款，拿什麼錢給你！」明明是甲、乙方買賣，硬是要牽拖丙方，一副就是要賴帳的姿態。

一個上道、有誠信的人，一定會想盡辦法把錢生出來還，或是主動找你協商，而不是兩手一攤說：「我也沒辦法……。」

從一個人處理事情的態度，就可以看出他的價值觀和檔次。眼中的「利益」比「義氣」更值錢的人，有朝一日肯定會為了利益出賣你，只要有一次經驗，我建議你最好從此就和這樣的人斷捨離。

只講結果，不講方法的人

這種人有個很明顯的特質，非常「重包裝」，類似感情裡的「愛情騙子」。

我之前遇過兩次這種角色，其中一位還是曾經共事過的朋友，一副「金玉其外」的模樣，開著名車、穿戴體面，連公司裝潢都搞得很氣派。

他一開始會很誠懇地找你合作，而且會釋放很多「誘因」，讓你覺得是天上掉下來的機會和禮物。

「只要你和我合作，我們一定可以……」、「只要你聽我的，你一定可以……」，這些都是他們慣用的話術。

但他們從不和你談「方法」、該怎麼達到這些目標，也不和你提可能的風險和困難，你會發現他說的話「很虛」，到處都是漏洞和破綻。

當有人猛灌迷湯、愛畫大餅的時候，就要立刻有所警惕。他們最後的目的，是要拿走你手上的資源或是錢。

大家出來做事業，「誠信」、「實在」是基本的原則，說話要算數，做事要靠譜。說話像是雲山霧罩、抓摸不定，做事常常指東打西、沒有章法的人，這種人是江湖上最典型的騙子。如果你「敢」和他們合作事業，最後肯定會吃大虧的。

03

逃避和偷懶，只會讓有心人有機可趁

另一種出現在身邊騙子，是自己的親人，防禦難度頗高。

我曾經在廣播節目裡，聽過一位受訪來賓談著自己被家人騙財的故事。一直單身的她，年輕時忙著拚事業，自認「不擅」理財，所以把錢都交給從事保險業的哥哥代為管理。四十五歲，她碰上中年失業，需要現金周轉，才發現自己錢全都被卡住了……。幫她打理財務的哥哥，竟然為了衝自己的保單業績，陸續挪用她的財產買了自家公司三十幾張投資型保單、儲蓄險保單。她想解約拿錢回來，必須支付大筆的違約金，能拿回來的錢，比放定存還少。

上面的案例還算小兒科，有位韓國知名藝人竟被哥哥侵吞了超過一百億韓圓（約兩億四千萬台幣）的資產！

這名藝人三十年前入行時，把當時沒有工作的哥哥請來當經紀人，由兄嫂管理自己的出演費和財產。不過，兄嫂常常以多報少，侵占他的簽約金、演出費用。

哥哥還用他的錢在首爾買了好幾棟房子，他一直以為這些房產都在自己名下，直到哥哥把這些樓全部賣掉、徹底斷絕聯絡，才得知真相……。

／

聊到投資理財的話題時，我常會聽到有人說：「我太忙了，沒時間理」、「我不擅長理財」、「一看到數字就害怕」這類推責之詞。

誰天生擅長理財啊？我大學聯考分數還不到低標呢！

但你自己心裡很清楚：「說忙，是在逃避，說不擅長，是想偷懶。」逃避和偷懶，只會讓人有機可趁。

在個人利益之前，
他人的利益是可以被犧牲的，
只有傻瓜，
才會去挑戰「人性」。

在個人利益之前，他人利益是可以被犧牲的，只有傻瓜，才會去挑戰「人性」。不會有人把你的小孩視如己出，也不會有人把你辛苦賺來的錢，當成一回事。

讓朋友、親人幫忙投資理財，自己又沒有審核機制，根本是「引人犯罪」的行為，也很可能失去一段原本可以很好的關係。

不擅長，就想辦法變成擅長；沒時間，就想辦法生出時間。攸關一生幸福的事，真的不要替自己找藉口唷！

04

寧當「邊緣人」，別當「工具人」

慎選自己的「人脈圈」，避開那些帶著「目的性」刻意親近你的人。

有個前輩對我不愛社交、能免就免的消極態度有些微詞，他語重心長地和我說：「做事業，人脈很重要，平時要多出去晃晃、交些朋友，這樣才會有更多的資源。」

我笑笑地和他說：「我認識你就夠了。」

明白前輩的好意，但對於有目的性的經營人際關係，我真的很排斥。以前我曾經努力參加一些公關局、用力地融入團體，但我發現好折騰人啊！

社交、人脈，是有階級的。

好看、有錢、有勢的人，是食物鏈裡最高等的生物，我們這種中庸之才，要嘛靠著拍馬屁力爭上游，不然就是乖乖地當工具人贏得青睞。

馬屁拍不響、當工具人又不夠專業，難怪在這種場合總覺得特別無能為力。

人與人的互動像沾醬油一樣，流於表面；只是想套一個關係在彼此身上，這種沒有基本面支撐的情誼，特別容易崩盤。

／

做設計的朋友和我說：「在社交聚會上認識了一個人，那個人先用 LINE 很熱絡地聊了幾天，某天傳訊息給我，說手邊沒預算，想請我幫忙免費設計產品包裝。我沒答應，他就把我好友刪了。」

曾經活躍在社交小團體的朋友和我說：「聚餐時，大家都在背後罵某甲，我只是幫甲說點公道話，那次聚會之後就被大家 fade out 了……。」

人脈就是這樣，當你幫他、順他，交情就能繼續；你既幫不了忙，又不順他意，這條關係就可有可無了。

人脈就是這樣，
當你幫他、順他，交情就能繼續；
你既幫不了忙，又不順他意，
這條關係就可有可無了。

以前，我看著其他人成群結派、團進團出，難免會有些恐慌，懷疑是不是自己不合群、活得太邊緣。但度過了那段自我懷疑期，我得到了答案：找到自己心裡的節奏，比隨波逐流踏實多了。

生活可以忙忙碌碌隨大流，但思想要時時刻刻求上進。你該慶幸自己保有了獨特性，沒有變得和別人一樣，也不需要和別人一樣。

心中自帶節奏的人，不用覺得自己怪，你真的應該以自己為傲。寧願當「邊緣人」，也不要變成別人的「工具人」。

05

花錢，是買慾望；存錢，是買希望

我們都在追求「自由」的感覺。

大三那年，搬出家裡、自己在外租房，學校裡也沒人逼著上課，那是我第一次享受到「時間的自由」。

和同學通宵打麻將、打一個下午的保齡球、泡在圖書館看完整套科幻小說、沒日沒夜地談戀愛。

在得到時間自由之後，我發現一個殘酷的事實——

為了搬出來住，我豪氣地和爸媽說要自己負擔生活費，靠著在餐廳當假日工讀生的收入，勉強應付日常花費。

有次和朋友騎車出遊，口袋裡卻窮得只剩下買泡麵的錢，想去的地方沒錢去、想買的東西沒錢買，缺少經濟自由的大把光陰，竟然讓我覺得很空虛：「這不是我想像中的自由啊！」

畢業工作後，手邊有點錢了，不必再吃泡麵、有能力到高檔的餐廳消費，還能買自己想要的東西，我享受著經濟自由的蜜月期。

但經濟自由伴隨而來更多的慾望，它像沒有邊界的地瓜葉，無邊無際地氾濫（我種過地瓜葉，生長速度十分驚人）。

你想奮力掙脫沼澤，卻讓自己越陷越深……。

╱

剛進社會工作時，天真地以為「年薪百萬」是職涯的終極目標。幸運的是，我在三十二歲達標了。

生命中最精緻的東西，
它不在名牌專櫃裡，
它不需要身外之物去點亮，
靠你自己就能閃閃發光。

在大媒體當上企劃主管，除了底薪變高，每個月還多了主管才有的業績獎金，按一按計算機，每個月至少有十萬薪水入帳，年薪超過百萬。

升職後的第一筆薪水入帳了，那天下班，我開著車，嘴角忍不住上揚，人生像跑馬燈，昨日的辛酸化成喜悅，當下覺得自己是天下最幸福的男人。

我的第一個念頭，不是存錢，而是盤算著要買些什麼犒賞自己。

我訂了一台一直想買的車，換了更高階的手機、筆電，買了第一套名牌西裝，想把自己打扮成職場菁英的樣子，顯擺自己的成功。

這時從沒被刷爆過的信用卡，居然需要增加臨時額度才夠花用。

物質所給予的幸福感沒有維持太久，隨之而來的是更大的不安，我的心情像消風的氣球，只剩下皺巴巴的狼狽。

曾經月薪三、四萬就能過好的日子，在年薪百萬之後，反而經常入不敷出。難道是我的努力，撐不起巨大的夢想嗎？我告訴自己，要更努力賺錢才行啊！

生活像原地打轉的陀螺，幾年之後，為了追求更好的前途，我離開職場，開了自己的廣告公司。

這次創業成功，人生也跟著進階，我又實現另一個目標：買下台北市的房子，正式成為天龍國的一員。

擁有事業、擁有房子、擁有越來越多……，這是我曾經夢寐以求的成功人生，應該滿足了吧？但當我身臨其境，還沒來得及享受當下，伴隨而來的卻是更多的不安和恐懼。

萬一，公司倒了，怎麼辦？

萬一，付不出每個月的房貸怎麼辦？

為了填滿物質慾望的大洞，我在創業前幾年經歷了一段極度痛苦的時期，面對那些頻率不對、價值觀偏差，甚至一副有錢是大爺的客戶，儘管心裡極度排斥，卻沒有拒絕的勇氣。

以前不為五斗米折腰，在創業之後，我的折腰功力大增，不但專業，還練會了花式，表面上唯唯諾諾、曲意逢迎，只敢在背地裡數落客戶，來證明自己還有點骨氣。

大概是因為潛意識厭惡自己的樣子，我經常失眠，翻來覆去直到凌晨四、五點還無法入睡。

我想做個帥氣瀟灑、有為有守的男人，但背負著太多慾望和過度的花費，再也帥不起來。當我把物質當作成功的刻度，不知不覺變成了金錢的奴隸，用自己的「理想」來為慾望買單。

「一位有錢的男子，買了一架私人直升機。

有天，他開心地搭著這架私人直升機，參加富豪們的聚會，結果其中一位富豪搭著用波音客機改裝的私人客機到場。男子的私人直升機停在富豪的波音客機旁邊，像是玩具一樣微不足道。

聚會後的好幾天，有錢的男子非常地沮喪，決定再買一台更大的私人飛機。」

經濟自由是個假議題，當你和有錢的男子一樣，過度依賴物質的自我肯定、耽溺物質比較帶來的快樂，心靈是永遠不可能自由的。

當我們在追求物質生活的提升，也必須同步進行「精神層面」的提升，才能達到一種平衡感。在莊子的詮釋下，這就是一種「逍遙」的境界。

具體來說，你的行為不能被世俗的價值觀綁架，要有獨立判斷和思考能力，才能讓自己有自信、有底氣，去抵擋過度的物慾。

別人崇尚「想要」，你止於「需要」。停止與人比較的習慣、專注自我追求的目標，這才可能有經濟自由的一天。

很多人，包括我，都專注於追求經濟上的自由，這樣的想法並沒有錯，與此同時，一定要意識到精神自由的重要性。

花錢，是買慾望；存錢，是買理想。我們可別為了物慾，出賣了自己的理想，不然，很可能會變成連自己都討厭的銅臭大人。

／

我以為錢賺得越多，就越快樂，但我發現自己好像誤入歧途了……，讓我開始有這樣的「自覺」、重新整理自己價值觀的是一位認識很久的創業前輩。

前輩從事業草創時期的兩人公司，到現在已經擴張到年營收二十億的百人企業，他在商場上呼風喚雨，根本就是人生勝利組裡的Ａ段班。

從小辦公室換到大辦公室，再買下辦公大樓；從一台國產車換到一台進口車，到現在是一車庫的進口車；前輩的物質生活大躍進，然而他的快樂卻遠遠被甩在後邊。

前輩的創業初衷是為了給家人過好日子，但創業十多年後，他和老婆感情疏離、錯過了孩子的成長期、忙到丟掉真正的朋友，只剩下工作上利益往來的夥伴。他說：「除了賺錢，我還真的沒有其他的嗜好和重心。」

我看他每天必須靠著酒精、藥物，才能短暫的抽離。這種反差，讓我體會到一件事：「虛榮是給別人看的，日子是自己在過的。」贏了財富、輸了生活，並不是真正的成功。

「如果你擁有我的財富，你最想要做什麼？」記得他曾這樣問我。

我：「我會去環遊世界呀！」

他：「你會帶著誰一起去？」

我：「我會帶我的好朋友、我的另一半一起去啊。」

他：「唉，真羨慕你！我居然想不出可以和誰一起去……。」

我曾經天真地和前輩說：「你少買些車子、房子、骨董，就不用花那麼多時間在賺錢啦！」

嘿嘿，真的是當局者迷，這句話現在自己聽起來都覺得有點諷刺。

如果我少買點衣服、少吃一點好料，把這些錢留下來、拿來投資，是不是更早可以擺脫煩人的客戶，和狗屁倒灶的公事呢？

金錢是工具，人才是主體。我喜歡賺錢，但把追求金錢放人生第一位，聽起來有些病態，這也絕對不是我最終想要的生活啊。

06

公主的皇冠，要靠自己戴上去

我的朋友N等了三十八年，終於等到一個把她當「公主」的男人。

人家說「理想老公」是父母雙亡、有車有房，她嫁的正是這樣的極品，而且還奉送一對成年的兒女，嫁過去立刻當了現成的媽。

大十五歲的男友對她很好，是那種捧在手心裡的好，私底下還給她「小公主」的暱稱。

N公開戀情的時候，好朋友都替她擔心，因為我們太瞭解N，她就是那種一談戀愛就不管工作、生活大亂的傻女生。

果然，N宣布結婚時，也帥氣地遞出離職單，要跟著老公搬離台北，當個全職貴婦。

之後，我們只能從FB上看到N的動態。

某天N敲了好友群組，說她想和大家聚聚。聚會當天，N像洩洪的瀑布，一口氣把對老公的怨懟都吐給了我們。

「結婚以後，我這個公主變成了奴婢，他可變成了大爺！結婚前，天天開車接送，現在叫他開車接我，一臉心不甘情不願的樣子。」N氣憤地說。

「追我的時候，送名牌、包包都不手軟，結婚以後，要點家用就擺臉色。」

「當初是他叫我不要上班的，現在嫌我天天在家礙眼……。」

「他很愛聽朋友的話，到處亂投資，這幾年賠了不少，都花到我的老本了，子女也很麻煩，不務正業，一天到晚回家要錢……。」

「我覺得好不自由，好想搬離這個家，自己找工作賺錢！」我們以為會見到一個活在粉紅泡泡裡的幸福公主，卻變成了苦情人妻的抱怨大會。

聊著聊著，突然有人丟出一句英國知名作家維吉尼亞・吳爾芙（Virginia Woolf）說過的名言：「女人需要屬於自己的房間、一筆屬於自己的錢，才能真正擁有創作的自由。」

這句話像是觸動了N的神經……。

數學裡可以「負負得正」，
但感情裡兩個「負能量」的人碰在一起，
只會出現更強大的負能量，
替彼此人生製造更大的混亂。

那次聚會之後，N像吃了秤砣鐵了心，寫好了履歷，拜託以前的同事們幫忙物色工作，沒多久N重回了職場。

再一次見到N，深宮怨婦的模樣不見了，眼前是個充滿自信光彩的女人。她說：「現在有自己的收入和工作，有種重獲自由的感覺。」

單身男女都曾幻想過某個人的出現，會像「救世主」一樣，讓自己從混亂的人生得到救贖。

數學裡可以「負負得正」，但感情裡兩個「負能量」的人碰在一起，只會出現更強大的負能量，替彼此人生製造更大的混亂。

電視劇《三十而已》裡有一句台詞：「先把一個人的日子過明白，才知道自己需要怎樣的另一個人。」妳得先活出自己的態度、步調、模樣，才會明白該找什麼樣的人一起生活、一起相伴。

公主的皇冠，從來不是靠別人，而是要自己替自己戴上去的啊！

07 你想當個有錢人，還是好命人？

朋友問我對人生有什麼期許？以前的我一定會答「事業成功、賺大錢」，但現在的答案只有四個字：「遊刃有餘」。

我很喜歡這四個字的涵義，它代表著一種從容的態度，過著「能勝任、有選擇」的生活，感覺比賺大錢更讓人嚮往。

能不能達到「遊刃有餘」的境界，用兩個指標可以判斷：當你的「能力」大於「慾望」，你的日子肯定可以過得遊刃有餘；如果你讓「慾望」超過你的「能力」，就會有黔驢技窮的狼狽感。

這種「能力」和「慾望」的平衡，美國已經把它具體化成一種生活模式。

大約十年前，美國開始風行一種「ＦＩＲＥ運動」，我是在這幾年才開始認真地研究它，我發現，ＦＩＲＥ運動的終極目標，和我理想中「遊刃有餘」的生活不謀而合。ＦＩＲＥ是Financial Independence, Retire Early這句話的縮寫，字面上是「經濟獨立，提早退休」的意思。

但這裡指的「提早退休」，並不是無所事事，而是可以不再受迫於經濟的壓力，把時間花在自己喜歡做的事情上。

有多少錢，才叫經濟獨立？到什麼程度，才能提早退休呢？

沒有計劃性的消費模式，又不把理財投資當一回事，就算拚了命努力賺錢，這輩子也不可能有經濟獨立、提早退休的一天啊。

ＦＩＲＥ像是當頭棒喝，給了我一個人生經營的新提案，讓我有機會去實現「經濟獨立，提早退休」，成為一個「好命人」。

「我不滿意現在的工作，覺得老闆太機車、客戶太龜毛，同事難相處，好想離職

不能含金湯匙出生，
就自己找把勺子叼著。
只要有追求極致的精神，
即便混不成一流的人生，
你的人生已經是一流了。

啊！」

「我好喜歡這份工作，它讓我有成就感，但收入真的很少，該怎麼辦？」

人生面臨這些抉擇的時候，窮人只能乖乖認命，有錢人也不一定能取捨，但「好命人」卻可以有更多的餘地，做出自己想要的選擇。在窮人和有錢人之間，「好命人」才是最佳的生活狀態。

理財，要先理心；心不定，財不聚。FIRE是一種生活實踐，透過「理心」的過程，去檢視、調整生活中的物慾，再經由正確的「理財」方式，用有紀律的長期投資收入，去換取人生的自由。

別以為這只是菁英們的運動，這群FIRE族來自各行各業，收入、學歷也不相同，但他們都意識到，為錢工作是在販賣靈魂、浪費生命。

他們不是要大家任性地馬上辭掉工作，過著沒有明天的享樂生活，而是試圖找出一套適合自己的生活型態和投資方法，透過掌控個人的財務狀況，買回最珍貴的資源——時間，拿回人生的選擇權。

經濟學有個名詞叫「機會成本」，指的是在眾多選項中，你只能選擇其中之一，在那些被你捨棄的選項中，價值最高的那一個，當你選擇了過度消費，你的機會成本就是你的生活。

如果可以把那些不必要的花費，轉換成長期投資，直到這些投資的被動收入可以成為你的第二收入來源，這種把「物慾」轉換成「幸福感」的模式，其實才是最划算的選擇。

／

「FIRE 運動」有兩個核心工具：高儲蓄、長期理財。

實現「高儲蓄」有兩種方法：降低物慾、增加收入，對於小資族來說，後者的難度比前者更高，所以我們先把重點放在降低物慾上，更能看到成效。

我自己曾經是個高物慾青年，現在已經練就成低物慾中年，這全拜刻意練習得來的成果。關於降低物慾，以下分享幾個實際的做法：

定期整理自己的生活空間

一定要養成定期打掃家裡的習慣，每次的打掃整理，都當成是一次生活的驗收。

藉由打掃的過程，檢視自己家中的物品，哪些是必要，哪些就算丟了也不會影響你的生活，再把那些不必要的物品，換算出當初購買的金額、量化成新台幣，就會特別有感：「原來錢就是這樣丟掉的啊！」這種刻意提醒自己的做法，會幫助你在下次購物時，更加節制和理性。

你還要有「機會成本」的概念。你所買的每項物品，都在佔據自己有限的生活空間。想想看，一坪幾十萬的房子拿來囤積幾千塊不必要的物品，這不叫奢侈浪費，什麼叫奢侈浪費呢？

把空間還給你自己，而不是讓給無用之物。

當你把空間還給自己之後，會發現其實根本不需要買（租）更大的房子，而這些節省下來的金錢，也會成為創造主動收入、長期投資的資金。

每週給自己固定的零用錢

很多人為了購物優惠，申辦各式各樣的信用卡，還為這種行為發明了「小資省錢」這類好聽的名詞，用省錢的名目去包裝消費行為，我一點都不太認同。哈囉，花錢就花錢，怎麼會叫省錢啦！

為了拿到紅利、優惠，不自覺地增加消費，還洗腦自己「買越多、賺越多」，這種行為已經落入過度消費的陷阱。

我以前為了控制自己的支出，想出了一個方法：每週固定從提款機領出五張千元鈔（金額請自行決定），當成這個星期的零用錢。

如果才過兩天，就發現錢包的鈔票「噴」得太快，就會提醒自己應該節省一點，要讓自己可以撐過這個星期才行。把信用卡消費、行動支付轉換成實體交易，這個方法非常有效，因為當你看到活生生的鈔票本人，更會意識到它們的存在感，花錢時也會更加注意。

另外，美國曾經有份研究，以一百塊的美元大鈔和五張二十美元小鈔為例，當你拿到五張二十美元的情況下，會更容易把錢花掉。

因為「我們把一大堆小鈔票視為繁雜、不重要的現金，而把大鈔視為特別的錢」，所以在花大鈔時會比較謹慎，小鈔則會比較沒有節制。

別在第一時間決定消費

以前我常有「衝動購物」的行為，看到好看的衣服，會在第一時間下手，但常常買回家之後，才發現好像沒那麼喜歡、沒那麼適合，最後只穿幾次，就被遺棄在衣櫥裡。

現在我學聰明了，看到喜歡的東西，絕不會在第一時間下手，我會「善意地欺騙自己」改天再來買吧！這種讓自己踩煞車的做法，非常管用，可以讓自己有緩衝的時間、恢復理性。通常到隔天就不想買了，甚至忘了這件事。

偶爾還會發生「意料之外」的購物，明明是要買A商品，但突然看到旁邊的B產品在促銷，而且金額也不痛不癢，就會順手刷下去，結果買回來之後，全都變成無用之物。

這種看起來無害的小額消費，其實是財務管理最可怕的漏洞，這些就是原本你可以存下，卻沒存下的錢。一滴一滴漏著水的水龍頭，時間久了，也能積出一桶水。

養成「不比較」的勇氣

看到〇〇〇去了高級的和牛餐廳打卡、看△△△買了新一季的CHANEL包、□□□拿了最新款的蘋果手機……，「自媒體時代」特別容易讓人陷入虛榮比較的情緒。

比較心是一種正常反應，很難改變，所以我會屏蔽、刪除一些可能會激起自己「比較心」的朋友、事物，先求眼不見為淨，然後再給自己強大的心理建設。

人生並不是幾個名牌包、一台進口車，就能評斷高低。那些物品，都不是財富本身，當他們被人拿來炫耀的時候，都已經成了消耗品。所謂的「財富」應該是生生不息的，可以配股配息的股票、每年有不錯報酬率的基金、可以穩定收租的房子，才叫做「財富」。

有句話說：「花錢和人炫耀的人，是最快讓自己越來越沒錢的蠢蛋！」這種蠢蛋，就留給別人去當吧，請你繼續冰雪聰明地按著自己的節奏走。

發掘生活中真正的「幸福感」

用一流的資源，混成一流的人生，並不難，難的是用九流的資源，混成一流的人生。不能含金湯匙出生，就自己找把勺子叼著。只要有追求極致的精神，即便混不成一流的人生，你的人生已經是一流了。

蘋果創辦人史蒂夫．賈伯斯（Steve Jobs），五十六歲時因為胰腺癌去世，他臨終時留下了一段讓人深思的文字——

「別人眼中，我的生活是成功的本質，但除了工作，我只有一點快樂。

這一刻，躺在床上，生病了，回想著我一生，意識到面對即將來臨的死亡，我擁有的一切認識和財富毫無意義。您可以僱用某人為您開汽車，為您賺錢——但您不能僱用某人為您攜帶疾病。一個人可以找到物質的東西，但丟失時卻找不到一件事——生命的本質。

隨著年齡的增長，我們變得越來越聰明，並且逐漸意識到手錶的價值在三十到三千美元——兩者都顯示同一時間。無論我們攜帶的是價值三十美元還是三百美元的錢包，錢包裡的錢都是一樣的。無論我們駕駛的是價值十五萬美元的汽車，還是價值三萬美元的汽車，我們到達的目的地也相同。即時我們居住的房子是三百平方米或三千平方米，寂寞感是一樣的。」

我們常常犯了「只看價格，不看價值」的錯誤，所以才會錯失了太多的幸福。

太多的物慾，其實是在耗損你的生命，逼著你拿人生最值錢的東西（時間），去換取相對不重要的東西（金錢）。

我覺得，比起要什麼就有什麼的人，那種不想要，就可以帥氣說「不」的人，才叫幸福啊。

08 「慢性貧窮」正在溫水煮青蛙

網路、媒體上只要聊到投資理財的影片，觀看數字都特別高，就連暢銷書排行榜上，和投資理財沾上邊的書籍都變得特別熱門。市面上也出現越來越多的「斜槓人士」，一個人扛了好幾個工作、職業在身上。

這種現象完全不讓人意外，大部分的人都已經認清事實，自己那點收入根本無法讓自己脫貧，在正職之外，如果不懂點投資、不搞點斜槓，肯定支付不起昂貴的未來。

對啊，我們都處在一個「慢性貧窮」的時代，高成長的物價、低成長的所得、因為少子化即將崩壞的年金制度，就像溫水煮青蛙，正在慢慢地煮熟我們。

我們在計算機上按著微薄的月薪，怎麼按都按不出財富自由的一天，就算不吃不喝，身上能擠出的殘餘價值，連一間中古屋都負擔不起。

一下就能計算出的未來，大家都已經在籌謀著其他生路，還有人想得過且過、放棄理財，我想問：「你到底哪來的勇氣？」

我不是要嚇唬你，但下面的數字可以讓你明白，事情有多大條，未來有多險峻，普通青年與下流老人之間，不過是十幾年的距離。

第一個危機：我們都越活越老了。

以前七十古來稀，現在七十才開始。根據內政部統計，台灣人的平均壽命已經達到八十・九歲，其中男性七七・七歲、女性八十四・二歲，都創下歷年新高，和全球平均壽命比較，我們台灣男、女性平均壽命分別高於全球平均水準七・五歲及九・二歲。

內政部分析，隨著醫療水準提升、食安的重視、生活品質提高及運動風氣盛行，近年來國人平均壽命長期呈現上升趨勢，從二〇〇三年七七・四歲增至二〇一九年八十・九歲，顯示國人有越來越長壽的趨勢。

這真的是另一種「台灣之光」，而且我相信這個數字還會越來越高，未來我們一不小心就可能活成百歲人瑞啦！

「慢性貧窮」不會讓你一朝斃命，
就像溫水煮青蛙，只會慢慢地讓你越來越窮，
當你發現的時候，
已經變成無法翻身的下流老人。

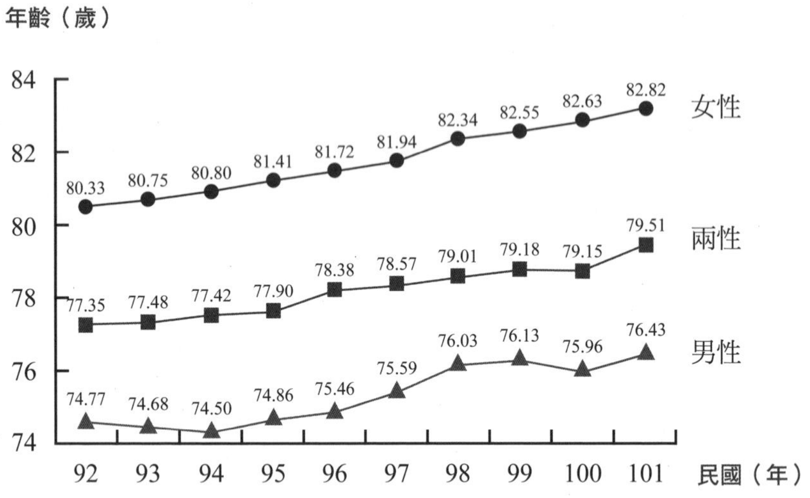

圖表 1-1　我國零歲平均餘命趨勢圖

（資料來源：內政部公布「民國 101 年簡易生命表提要分析」）

2021.3.11 查詢

看過《血觀音》這部電影嗎？長命百歲，並不一定是件好事，有時候可能是種詛咒。

我們父母那輩在六十歲退休，大概需要準備十五年的退休金，但未來的我們，因為活得久，至少要準備三十年才夠用，萬一臥床的餘命太久，還會需要更多的準備金。這多出來的十多年，該從哪生出錢呢？

第二個危機：大家越生越少了。

一九七〇年，台灣每年出生四十萬個寶寶，人口紅利帶動了經濟的成長，但到了二〇二〇年，台灣一年只剩下十五萬個新生寶寶，二〇二一年一月的新生兒人數更首度跌破萬人以下。台灣出生率不斷下降，已經名列全球出生率最低的國家之一。

二〇二〇年台灣出生人數十六萬五千兩百四十九人，死亡人數十七萬三千一百五十六人，我們已經正式進入人口負成長時期。未來我們不但享受不到人口紅利帶來的經濟成長，還有可能因為人口負成長，讓經濟動能不斷衰退。

以前的父母還能期盼養兒防老這件事，但現在養兒，未來很可能出現「養兒啃老」的劇情。

並不是現在的兒女們不如從前乖巧，而是這些兒女們面對低薪、高物價時代，自己都自顧不暇，就算未來有心想養你，恐怕也無能為力。

老人越來越多、新生兒越來越少，台灣還面臨入不敷出的問題，政府各項年金瀕臨破產的危機，幾百萬勞工依靠的勞保年金，預估在二〇二六年就會瀕臨破產。

除了人口結構的危機，總體經濟上也有「通貨膨脹」這顆炸彈。

疫情時代，美國靠大撒幣救經濟，由於美元是世界貨幣，很多國家大宗交易都用美元結算，導致美國加印貨幣帶來的通脹，實際上是全球一起買單，市場資金氾濫的結果，導致物價必然的上漲，未來通膨的問題只會越來越嚴重，口袋的錢會變得越來越不值錢。

退休金需要更多，政府年金即將崩盤、養兒無法防老、銀行存款越變越薄，一九七〇年之後出生的你，眼前正迎接「慢性貧窮」時代的來臨。

「慢性貧窮」並不會讓你一朝斃命，就像溫水煮青蛙，只會慢慢地讓你越來越窮，當你發現的時候，已經變成無法翻身的下流老人。

現在的普通青年，未來的下流老人，只有投資理財，才是問題的解方。

只懂得把錢存在銀行，你的錢只會越來越薄，直接放棄投資理財，只會讓「慢性貧窮」的速度加快，所以千萬不要在該理財的年紀，選擇放棄。

09 七種讓你變窮的習慣

我觀察到一個現象，同樣都是白手起家的朋友，在四十歲後開始出現「窮者越窮，富者越富」的兩極化現象。

A、B兩人都是我年輕時就熟識的朋友，他倆都沒有家世背景、學歷相似、都是服完兵役後開始工作，就連工作的產業、職位、起薪都差不多，但年過四十歲之後，兩人的經濟狀況卻天差地遠。

A買了自己的房子，人生也快要達到財富自由的階段；B卻還在租屋，卡費必須使用循環利息才能支付，聊天時常常聽他為生活的柴米油鹽在煩惱。

這樣的結果，並不讓我們朋友圈意外。

B年輕時就是個夜店咖，逢休必喝、逢喝必追，只要有趴踢他一定參一咖，也因此結識了不少酒肉朋友。他是典型的小無賴，唯一的興趣是玩樂、最大的專長是花錢。

「沒辦法，人家的局，不去不給面子。」

「出去玩一定要有行頭，不然很遜的！」

這種來者不拒、執著於物質競賽的個性，讓他每個月的娛樂費、治裝費就佔了大半收入，長期處於損益平衡、戶頭零存款的狀態。

A則是個樂於投資自己的人，經常花錢進修，學一些專業上的課程，像是架設網站、繪圖軟體、數位行銷，搞得自己十八般武藝樣樣精通。

後來他自己開始斜槓接案，幫客戶做了幾個成效不錯的案子，而且案量越來越多，他的副業收入一點都不遜於正職收入。

A沒有太大物慾，他把大部分的收入拿來理財投資，他的中期目標就是存下買房的頭期款，三十五歲那年，他真的買下了自己的房子。

理財這條路，趴著都要往前進。
創造複利，延遲享受，
平凡青年也可能在四十歲後華麗變身！

就如同《原子習慣》作者所說，每天都進步百分之一，一年後，你會進步三十七倍；每天都退步百分之一，一年後，你會弱化到趨近於零。

你的一點小改變、一個好習慣，將會產生複利效應，如滾雪球般，為你帶來豐碩的人生成果！

長期來看，我這兩個朋友的財富差距，就是二十年點點滴滴所累積出來，而且時間越長，差距越明顯。所以，千萬別忽視這些習慣帶來的複利效果。

／

四十歲以前，樣貌是父母決定；四十歲以後，樣貌是自己決定。人要為自己四十歲以後的樣貌負責，理財這件事，也是一樣的道理。

四十歲之前你窮，可以怪出身背景；四十歲之後喊窮，那肯定是自己出了問題，再把責任往外推，只會讓人看笑話。

我整理了七種讓人變窮的習慣，你可以拿身邊的「窮朋友、富朋友」來驗證，也可以趁機自我評量，看看自己是不是變窮的「高危險群」。

習慣一：買太多華而不實的衣服

快時尚，是讓人變窮的陷阱。

很多人把自己當成巨星、名模，內心的小劇場會預設自己可能出現在各種場合、情境，然後買了一堆「只穿一次」的衣物，甚至買了之後，根本沒有穿它的機會。

其實衣櫃裡面，只需要一些實用、得體的衣物，這樣不但可以幫你節省穿搭的時間，也省下不必要的支出。

祖克伯、賈伯斯這些大人物，他們平時都穿著簡單的衣物，衣櫃裡的衣服可能都沒你多。想想看，如果你是一個「咖」，穿什麼真的都不重要了。我自己的穿搭哲學很簡單，T恤、襯衫基調都是黑、白兩色，褲子也是百搭的牛仔褲，只要讓自己保持清潔感，就滿分了。

習慣二：參加過多的社交、派對

真心覺得，無意義的社交真的是浪費金錢和時間，尤其是 dress code 派對。為了 dress code 主題，花時間去買一些平時不可能穿的衣物，這是浪費錢，不然就是喝太多、玩太瘋，搞得隔天精神不繼，這是浪費生命，這樣真的值得嗎？

參加沒有意義的社交派對，只有八卦和曖昧，還不如在家看一本書，睡好好、吃飽飽來得更受用。

習慣三：有上癮的小習慣

迷戀小確幸，有時候是大不幸的開始。

很多人對甜食、飲料、雞排、菸酒上癮，甚至有蒐集小物的嗜好，這些小癮頭看似無害，但日積月累下來，都是一種龐大的負擔。可以偶一為之，但不要變成習慣才好。

習慣四：愛買套裝優惠、課程套券

看到便宜又大碗、買十送一套裝優惠、課程、SPA券，忍不住就想給它刷下去。這些，都是廠商在賣你一種「夢想」、賣你一種「恐慌」。

你以為這樣就可以督促自己，讓自己天天向上，最後才發現，原來是過度高估自己的能耐。其實，你根本沒有那麼勤奮，不如實際一點，用多少、買多少。

習慣五：沉迷樂透、彩券、賭博

你知道中大樂透的機率有多少嗎？網路上有網友算出來，中樂透頭獎的機率是一千三百九十八萬分之一，機會小於〇．〇〇〇〇〇〇一。

專家指出，沉迷於買樂透的人，通常是無法控制人生方向的窮人，因為他們相信財富就像抽籤，總有一天會降臨到自己身上。反之，有錢人偶爾也會買樂透，但不會把工作收入的一半拿來買彩券，中樂透並不是致富策略，他們相信的是只有靠自己努力，才能成功。

當你越相信運氣，你越會輕忽努力的重要。這種習慣，絕對會讓你的人生「贏小輸大」。

習慣六：愛買廉價、不耐用的東西

你是不是常常因為特價、促銷、便宜，買了太多自己不需要的東西？有些東西甚至拿去送人，人家還會嫌佔位。

所以，最好有建立「購物清單」的習慣，把購買的優先順序列出，預防自己「脫序」的購買行為。

習慣七：經常超出能力的支出

買車、養車、借信貸……，在還沒有財富的時候，就超出自身能力的支出，這種「預支人生」的行為，只會讓未來陷入貧窮的無限輪迴。

衝動購物前，請三思。你所買的東西，如果只會增加未來的支出，它就是一種人生的「負債」。

／

還沒能力開源，就要懂得避免浪費，這七個變窮的習慣，很容易被人忽略。你要先養成正確的消費習慣，才有可能快速得幫自己累積出第一桶金、創造複利，才有敲開財富大門的鑰匙。

理財這條路，趴著都要往前進。

「創造複利，延遲享受。」平凡青年才可能在四十歲後華麗變身呀！

10 隨遇而安，是認命；用心經營，是改運

許多年前，曾經為了寫一個專題，採訪過許多台北街頭的「路人甲」。這些路人甲大多是在街頭販售報紙、零食，或是賣藝的長輩，其中兩位令我印象深刻。

一位是當時八十歲在北車地下街賣報的張婆婆，另一位是在忠孝西路騎樓下拉著二胡、唱著小調六十多歲的麗美阿姨。

賣報的張婆婆一口寧波外省腔，講話時喜歡揮動著手，年輕時的她跟著老公隻身來台灣，全職當個家庭主婦，原本生活挺幸福的，但在她三十歲時老公先走一步，孝順的兒子也在她五十歲的時候因病過世。

從來沒有工作過的婆婆，為了謀生，開始學著賣報。

每天搭著公車去批報紙，用推車拖到當時的新公園（二二八公園）賣報。婆婆說，那時候賣報的生意不錯，但公園裡賣報的人不少，大家都在搶地盤，年紀大的婆婆被其他人趕了出來，只好跑來車站。

當時一份蘋果日報成本十二塊，她賣十五塊錢，就這樣兩塊、三塊錢的賺，每天大概能賺三、四百塊。

婆婆的眼睛不好，看不清楚路過行人的樣子，但她總是笑咪咪地對每個過路客問著：「要不要買份報紙呀？」

我問：「婆婆，妳好辛苦。」

她說：「這是命啊！在這賣報、看看路人，生活至少不會覺得太無聊。」

／

在騎樓拉二胡的麗美阿姨有點神祕，我去找她聊了三次，她才稍微卸下心防和我說她的故事。

「依附」另一個人才叫「人生完整」？
如果真把自己全都寄託在另一人身上，
很可能也會失去承受風險的能力，
不一定是件好事啊！

當時的她快七十歲了，依稀還是看得出年輕時的風韻。麗美國小畢業就跟著歌仔戲團學唱戲，那個時期是劇團的全盛時期，每天有跑不完的場子。

她長得漂亮，被安排演小旦的角色，身邊有很多想追求她的男性（講到這，她有點小驕傲），後來選了一個做生意的中年男人結婚，以為可以當個幸福、平凡的主婦。

婚後，老公和朋友做生意把她賺的錢賠光了，還開始酗酒家暴。最後，麗美和老公離婚，又重回歌仔戲團。

此一時、彼一時。這時期已經很少有活動會請歌仔戲團演出，團裡的夥伴一個一個離開。有點年紀的她，只會拉二胡、唱歌仔戲，哪兒也去不成，一直撐到團長宣布解散的那天。

離開劇團後，麗美阿姨試著再找其他工作，但沒有人要用年紀大、身體差，又只會唱戲的老人，於是她開始拿著二胡在騎樓下唱著以前學的小調，靠路人打賞過日子。

聽了她們的故事，只覺得世事無常，青春正好的時候，她們一定沒想過命運會和自己開玩笑，走鐘成另一種人生。

老一輩的人常說：「遇人不淑，所託非人。」似乎覺得人都得「依附」另一個人，才叫「完整」。

如果真把自己全都寄託在另一個人身上，很可能也會失去承受風險的能力，不一定是件好事啊！

「隨遇而安是消極的認命，用心經營是積極的改運。」如果對自己的未來無感，是一件可怕的事。

不管此刻過得多幸福、活得多開心，都要擁有扛得起自己人生的能力、練就求生的本事，才能確保一輩子的好命。

#後記

這已經是十年前的事了，幾年來，我曾經幾次路過她們過去常待的地方，但已經找不到人。不管張婆婆和麗美阿姨如今在哪，都祝福她們不要再過辛苦的日子。

11

傻傻創業，不如好好投資理財

有天中午和朋友吃飯，她興高采烈地告訴我：「我想要頂一家飲料店！」住在桃園的友人，工作多年、存了些錢，心心念念地想要自己創業、脫離職場。但她的工作一直都是辦公室裡的行政職，此生都沒和創業沾上邊，更別說開店該有的知識和技能。

她能想到的創業途徑，就是「加盟飲料店」。這兩年，只要有加盟展，她都會到現場觀摩。她和我說：「飲料店的加盟金居然要兩百多萬，實在下不了手！」

上個月，親戚告訴她，就在她住家不遠，有家知名飲料店的加盟主要把店頂讓，生財設備、技術全部轉移，頂讓金居然「只要三十萬」！

聽到三十萬，她眼睛亮了。

「這個品牌的飲料店加盟金要兩百萬耶，是不是很划算！」看到友人正在興頭上，身為「資深潑冷水大師」，我徹底讓她熄了火。

我的創業前輩曾和我說過：「沒有一個創業者，會放著賺錢的生意不做。」

那些嘴上說移民出國、身體不適、忍痛割愛、股東不合、生涯規劃等理由，急著用低價把店頂讓出去，十之八九都是想把燙手山芋拋出去的人。

真正要頂讓的原因只有一個，就是「正在賠錢中」！

／

我虧了一下朋友：「妳從小到大沒創業過，還真以為自己是經營之神，能讓一家賠錢中的飲料店起死回生啊？」

加盟店不是具有成長性的事業（至少對加盟者不是），品牌經營、行銷廣告、產品、

那些急著用低價把店頂讓出去，
十之八九都是想把燙手山芋拋出去的人。
真正要頂讓的原因只有一個，
就是「正在賠錢中」！

定價策略這些重要的決策，都控制在加盟總部。

當你接手之後，只是延續既有的一切事實，加盟主唯一可控的就是店址（Location），很顯然地，這家店一開始的店址就選錯了。

可能是因為租金過高、人潮不足、風水不好、房東漲價等，才會導致要頂讓的結果。

我對朋友說：「妳花了三十萬，以為佔到便宜，買到划算的『資產』，但實際上買到的是別人的『負債』啊！」

員工要發薪水、房東要收租金、物料要錢買、加盟總部要抽成、政府要課稅，接手後的每個月，可能都要賠上幾萬、幾十萬，花三十萬頂店不是在創業，是在做功德。

想要撿現成、頂店創業的人要注意！不是只有農曆七月半要當心「抓交替」，接人家做不下去的店，也是一種「被抓來」交替的行為。

第一、沒有人會放著賺錢的生意不做；第二、人家都做不下去，你憑什麼有把握做得更好？

創業也是種經濟學，如果你有錢，該買的是資產，而不是人家經營不下去的負債，如果連這都不明白，只有死路一條。

我身邊不少朋友，對創業、當老闆都有過度浪漫的情懷。夢想經營溫馨的民宿、開一家有個人特色的咖啡廳、小餐館，或自創品牌、搞搞電商……，他們野心不大，不求大富大貴，只求「自給自足」，遠離職場的車馬喧囂。還好，他們身邊有我這個會戳破夢幻泡泡的「壞朋友」。

我還蠻慶幸，二十六歲就開了餐廳，三十二歲就有把四家店搞倒的「黑歷史」，不然，已經過了不惑之年的我，現在一定會心癢癢，想要開一間餐廳、咖啡廳、民宿，以為這樣就可以過上理想的日子。

創業，哪有那麼簡單？尤其中年創業，更是難上加難！除了錢，還有一堆你事前想不到、事後沒料到的「隱性問題」。

創業，根本是在「修行」，而且是特別嚴厲的「苦行」，一天到晚都有逆境菩薩來挑戰你的EQ、修養、恥度極限。

無知的人最勇敢，沒被燙過的人才會往火坑跳。創業之後，等於從自己熟悉的「舒適圈」，進入完全未知的「恐慌圈」，你面對的人際關係也會從「同溫層」變成「失溫層」。

如果你連職場上的挑戰和人際關係都搞不定，那麼你的創業肯定會更難過。

以下，是我丟給朋友思考的題目，如果你正好也想創業，或是身邊有朋友也想創業，不妨也思考看看。

關於客人

你「一定」會遇到自以為高貴，把小店當「五星級飯店」的傲嬌貴客，或是和老公老婆吵架、兒女不聽話、被老闆長官羞辱、人生不如意……，卻無處宣洩的邊緣人，把你當現成免費的「出氣筒」。

你還會遇到想卡油、佔便宜的牛鬼蛇神，產品用了、吃了，硬是要退貨，或是把你辛辛苦苦裝潢、佈置的店面、民宿搞得面目全非。

明明是他的錯，你還不能太兇喔，免得被PO上爆料公社，遭到輿論撻伐。因為，當老闆就是種「原罪」。

還有，在餐點裡加料，然後凹不付錢的奧客、拿假鈔來換真鈔的惡棍，連店門口放的盆栽，都會被人幹走。

你整天都要面對這些「負面情緒」的鳥事、小事，應付他們，一點都不會比應付你職場上的老闆、客戶輕鬆。

為了賺他們幾十塊、幾百塊，讓自己血壓飆高、氣到失眠。尤其，你是在企業內當過主管、呼風喚雨的人，面對這些從不曾放在眼裡的人，你的腰桿子彎得下來嗎？

我保證，創業半年，你就會開始懷疑人生。創業，哪來的自在？「自虐」還差不多。

關於員工

你會遇到，搬出各種荒謬理由而臨時請假的員工，讓店裡鬧空城，讓你排好的行程大亂。這還算是有良心的，有些乾脆直接人間蒸發。

明明是你付薪水，卻像是你在求他們，你能承擔這樣的窩囊嗎？沒辦法，誰叫現在缺工、缺人力呢！

終於，訓練半年的員工，上軌道了，沒想到這時他卻要離職！因為，你的「夢想」是「你自己」的，員工也有他自己的人生目標，他們也是志在遠方、擇木而棲，沒必要配合你演出。

所以，你在人力銀行的求職廣告，一年三百六十五天都沒停過。

管好自己簡單，要管另一個人很難！在職場，你可以帥氣地拍拍屁股走人，卻不能拍拍屁股關店，因為你的身家都在這小小的方寸之間。

創業之後，你就沒有「耍帥」的權利。

關於大環境

「花無百日好，店無三年紅。」台灣的餐飲普遍是這樣的。

別誤會自己是了不起的「名店」，能屹立不搖十幾、二十年，所謂「名店」要像鼎泰豐，就算距離再遠、人潮再多、價錢再高，客人也非去不可。

我們開的店，沒技術門檻、沒資本門檻，一下就被取代的。如果不幸，旁邊出現競爭者，品牌更大、價錢更低、行銷更強，你的業績馬上就像「自由落體」一樣墜落；加上你沒有資本，不能改頭換面、大灑廣告，最後只有坐以待斃的選項。

這是個「資本世界」，活得久的，絕對是口袋深的。你的籌碼早在開店時用光光了，連本都還沒回，拿什麼和市場作戰。

說好的「自立自強」呢？「自討苦吃」還差不多。

台灣有句俗諺：「狀元子好生，生意子歹生。」不是每個人都適合「創業」，也別把創業當成「職場失意」的出路，因為創業的難度更大、麻煩更多。我不鼓勵盲目的創業，因為讓不適合創業的人去創業，才是「人生災難」的開始。

如果你真的想創業，還不如把錢拿去投資不錯的上市公司吧！這種創業，應該會比你自己來，更有成功的機會。

Chapter 2

好好退休，現在開始

歲月靜好是有價格的，好好生活是有門檻的。

用年輕的汲汲營營，換未來的遊刃有餘，我想，這就是你現在該努力的目的。

如果智商、情商可以決定一個人上半場的成就，「財商」絕對是人生下半場逆轉勝的能力。江湖在走，財商要有，不要太常犒賞現在的自己，而是要存錢給未來的自己。

01

四十五歲之後，你會站在哪裡？

和幾個正在創業、在知名企業擔任主管的朋友閒聊，我問大家：「應徵新員工的時候，你們會特別在意哪些條件？」

他們洋洋灑灑說了不少，卻不約而同都提到共同的條件：年紀。

四十二歲，在企業擔任中階主管的朋友說：

「每次收到上百封履歷，我都會先把比自己年紀大的應徵者都剔除。我不想找一個比自己年紀大的下屬，因為不知道該怎麼管理一個長輩……。」

三十八歲，正在創業中的朋友說：

「我需要年輕人的觀點，他們接地氣，想法靈活，年紀大的應徵者可能會跟不上我們公司的步調。」

朋友還說：

「四十歲後，應該要靠『職場人脈』找工作才對！中年人想在人力銀行上和成千上萬新鮮的肝、相對便宜的薪資相比，真的太吃虧了。」

聽到這裡，應該會有人想開罵：

「未免太現實了！年紀大有什麼問題！根本就是年齡歧視！」

雖然政府明文規定，應徵條件中不能限制年齡，但這世界並不像電影《高年級實習生》一樣浪漫，在求職市場裡，「年紀大」注定是被歸類在「賣相不佳」那一區。

大家只是心照不宣，這是你必須接受的殘酷事實。

／

三十歲之前，是「冒險」的年紀，可以不斷嘗試、犯錯。

三十歲之後，是「定調」的年紀，決定人生方向、形成自己的人格。

這個現實的社會，
不會仁慈地讓出一個「博愛座」給你，
也不會無緣無故讓你變成VIP。
有了二、三十歲的努力，
才有四十五歲之後的立足之地。

三十五歲到四十歲，是「翻轉」的年紀，人生已經累積了一點本錢，可以奮力一搏、翻轉人生。

四十五歲，是「驗收」的年紀，婚姻、事業、投資、財富，就像現世報一樣，在這個年紀之後，開始反饋到自己身上。

我的同儕之中，大約就是在四十歲之後，人生出現巨大的落差。有人已經得到財富、心靈的自由，有人還在煩惱下個月的房租在哪；有人活得篤定踏實，有人過得心驚膽戰。

這幾年，年輕世代流行著一種「逆文化」，標榜「努力無用、耍廢有理」的口號，在該努力的年紀選擇了「躺平」，直接放棄努力。

在我這個過來人看來，這種無為而治的生活態度，背後有著巨大的代價和風險。不管怎麼逃避、躺得多平，四十五歲以後，還是得乖乖面對自己的人生課題。

你有能力照顧年邁的父母？

你能承擔生命中的意外和風險？

這些可是生而為人逃不掉的責任啊。

網路上的輿論大量鼓吹著「反奴性」，要年輕人不要當工作的奴隸，不要當房屋的奴隸。

但我認為，當一陣子奴隸，換一輩子自由，比起自由一陣子、當奴隸一輩子，更值得。

有人笑買房的是「屋奴」，但等年紀漸長，你會發現一直租房、一直被房東趕，這才是真的叫「奴」。

人家是奮鬥之後，才有「躺平」的本錢，你是還沒有資本，就想躺平。人家的「佛系」，是千錘百鍊後始成佛，你的佛系，是躺著就自以為是佛。

別傻了，那些鼓吹努力無用、淡薄名利的人，私底下都猛猛地在賺自己的人生啊！他們就像是那些說自己沒看書，卻考了一百分的同學。

還有一些，是他們真的不想努力，順手拉你一起陪葬。就像那些不準備考試，拉著你一起「放爛」的壞同學。

你努力的意義，不是在追求世俗的榮華富貴，而是去成就自己承擔風險的「能力」，保護自己，也保護自己所愛。

Chapter 2

你有想過四十五歲的自己，會站在哪裡嗎？

這個現實的社會，不會仁慈地讓出一個「博愛座」給你，也不會無緣無故讓你變成VIP。

有了二、三十歲的努力，才有四十五歲之後的立足之地。

就算比上不足，也肯定比一無所有強得多。

你可以逃避努力、逃避責任，終究逃避不了自己該面對的人生。

02

熟齡失業，然後呢？

「才剛過四十六歲生日，沒想到收到了這個禮物。」好友約我吃飯，開口宣布了這個消息。

他說：「這輩子從沒想過自己會有失業的一天，但遇上了，就想辦法解決吧！」

熟齡失業，如何解套？

我和他用一頓午餐的時間，討論因應之道。

我們共同的朋友裡，有幾個在職場混得還不錯。

我建議他：「你問問某某，看他那邊有沒有缺人！」

朋友說：「該問的朋友，我都問過一輪了，不是沒缺人，就是遇缺不補。這個行業的榮景不再，大家都有難處……。」

「我考慮轉行，但一輩子都在做這行，其他的都不會，這個年紀從零開始談何容易，還要看別人給不給機會。」

朋友突然認真地問我：「我考慮開店做點小生意，你覺得呢？」

／

聽到這，馬上請朋友三思，我是個創業老鳥，也有開餐飲店的經驗。坦白說，對一個「從沒創業過」的熟齡者而言，這時候創業的風險太大了。

人在窮途末路，就想隨手抓個浮木。

沒有專業，如何創業？

中年之後「如何不輸」比「如何贏」更重要。
錯把創業當成人生的活路，
只會為你自己帶來更多的災難。

第一、你沒有創業者的特質

一輩子沒（想過）創業的人，你的人格特質顯然就不適合創業啊！我認識對創業懷抱熱情的朋友們，早早就嘗試各種創業的可能，你之前會一直選擇待在職場，從沒想過創業，顯然你不是一個創業的料。

一個人並不會在中年之後，突然就變成創業高手，就像你從沒下水過，怎麼可能馬上就成為游泳好手呢。

創業不是單一技能，也不是才藝表演這麼簡單。創業啊，是一種綜合性技能，十八般武藝都要會，身心靈都要到位，捫心自問，你有嗎？

這個時候，錯把創業當成人生的活路，只會為你自己帶來更多的災難。

第二、熟齡人生，不輸就是贏

人過了一個年紀，「守成」會成為人生重要的課題。

創業，是拿身家去「賭博」。對年輕人而言，這種賭很值得，本來就一無所有，就算失敗，幾年後還是一條好漢。

但對熟齡者來說，這就像 All in 已經擁有的東西，輸了不但一無所有，也可能永遠不能翻身。

我們這個年紀「如何不輸」比「如何贏」更重要，已經不像二、三十歲的年輕人，輸了還能再起。

輸了，真的只能一路趴到掛。

第三、創業失敗的代價，遠比你想像的更龐大

創業失敗，不只是賠光籌碼這麼簡單，伴隨而來的代價，可能是始料未及的龐大。開店容易，收店難，店收了，你不只是輸光籌碼，還必須善後。資遣員工的費用、把店面復原還給房東的費用、提前解約的違約金，還有更多看不見的沉沒成本。你的資產不只是「歸零」，還可能變成「負債」。

前幾天，我看到曾經一起工作過的資深女星的新聞：她開了餐廳，經營不善，為了撐下去竟然和高利貸借錢，一滾就欠了五千萬……，只是開一家店，代價卻這麼慘烈！

你別懷疑，人到末路的時候，真的會做出奇怪的決定。

創業，這個「看似可行」的選項，其實就是飛蛾撲火。成功的創業被包裝得太光明、但對沒有競爭力的人來說，它就只是一個火葬場啊！

03 用年輕的汲汲營營，換未來的遊刃有餘

年輕的時候，我曾被同事問過這個問題：「日子過得安安穩穩就好，你幹嘛這麼汲汲營營呢？」當時一時語塞，不知道怎麼回答才好。

提問者的心裡，其實對汲汲營營的我充滿鄙視。在他的認知裡，日子小清新、活得像文青，才是比較高級的人生。

像我這種整天在世俗裡打滾，腦中都是數字的人，庸俗又無趣，是他最不想成為的模樣。

不過，人生就是這樣的，你想過怎樣的生活，就要有撐起它的能力。文青還是要面對日子裡的柴米油鹽，「精緻窮」的小清新，終究掩蓋不了蹩腳的人生。

我和那位同事都已經是坐四望五的大叔了。現在的我，人生不需要再汲汲營營，可以自在地學畫畫、讀研究所，生活過得愜意；那位同事，遇上中年失業，多年來也沒有培養新的求生技能，在求職路屢屢碰壁，加上平時沒有理財的習慣，聽說日子過得很辛苦。

時不我與，中年之後才開始汲汲營營，還來得及嗎？

／

你一定聽過螞蟻和蟋蟀的故事。

炎熱的夏天，螞蟻們一早起床就開始辛勤地工作。蟋蟀呢？整天唱歌跳舞、養尊處優地過日子。

蟋蟀心裡想著：「到處都有吃的東西，到處都是好玩的事情，螞蟻辛勤工作，真的是很蠢的事。」

「喂！喂！螞蟻，你為什麼要那麼努力工作呢？像我這樣開開心心，不是很好嗎？」

歲月靜好是有價格的，好好生活是有門檻的。
平凡生活，不是形容一種穩定的狀態，
而是有能力應付生活裡前仆後繼的不穩定。

螞蟻們仍然繼續工作，他們和蟋蟀說：「我要在夏天食物豐盛的季節先積存食物，才能為嚴寒的冬天做準備，我沒有時間唱歌、玩耍啊！」

蟋蟀心想：「真是一群笨蛋，為什麼要想那麼久以後的事呢？」於是蟋蟀繼續過著吃喝玩樂的日子。

冬天來了，北風呼呼地吹著，地面上覆蓋著厚厚的白雪，這時的蟋蟀已經消瘦得不成樣子。

他開始後悔：「我如果和螞蟻一樣，在夏天時貯存食物，該多好啊！」但這時一切都來不及了，眼看到處都是雪，找不到一點食物，最後餓死在路邊。

一直勤勞的螞蟻們，正待在溫暖的家裡開心地生活，外面再冷也都不在乎，因為他們已經積存了食物，足以讓他們度過整個冬天。

繁華的夏天就像青春正好的年紀，你可以選擇當蟋蟀，也可以選擇當螞蟻，但別忘了，人生並不會一直停格在如此美好的時刻。

／

我很羡慕那些洗盡鉛華能夠「享受平凡」、有實力「安穩生活」的前輩，因為他們的人生已經達到了遊刃有餘的境界。

不過，有些人卻在還沒能力駕馭平凡安穩，就直接跳過「努力」這個重要的環節……。

此刻，躺在沙發上一邊追劇、一邊喝著可樂、嗑著雞排，正在享受歲月靜好的你，有想過此刻的幸福都是有人在背後幫你「買單」嗎？

你有一對好爸媽，他們身體健康，不必你供養。

你有個好伴侶，三觀正確，不至於拖累你的人生。

你有不錯的朋友圈，他們可以成為你的支持系統。

沒有這些後顧之憂，才能有你現在的好日子。

二十四歲之前，我也算是個軟爛青年，覺得日子得過且過也是不錯。但在老爸生病住院之後，才發現自己根本撐不起想要的生活。醫藥費、看護費，還有岌岌可危的工作，隨便一個就能把我從平凡打入地獄。

歲月靜好是有價格的，好好生活是有門檻的。

平凡生活，不是形容一種穩定的狀態，而是你有能力去應付生活裡前仆後繼的不穩定。

正是因為平凡的生活得之不易，才必須趁著年輕特別努力。當你擁有對抗不穩定的能力，才能有底氣告訴自己「好好生活」；當你努力之後，才有資格說出「平凡真好」。

青春，總會過完的。

當沒了青春，你還剩下什麼？

你能剩下的，不就是年輕時努力經營而擁有的東西？

用年輕的汲汲營營，換未來的遊刃有餘。

我想，這就是你現在該努力的目的。

04

年少不脫貧，老大淪下流

我的前東家某傳媒又資遣了一批員工，昔日的職場戰友N也在這波資遣名單裡。

N在公司待了十五年，一路上功勞、苦勞都沒少過。這幾年，面對媒體生態的改變、公司積極轉型，上頭從網路媒體挖來了一位主管，這位空降主管順勢就把自己的團隊帶進了公司。

一個蘿蔔、一個坑，為了安插自己的團隊，空降主管先把N這種資深業務的客戶拔光、權力架空，接著再用減薪、減獎金的方式企圖逼退，最後的殺手鐧就是直接「資遣」。

就在五十歲生日之前，N收到「中年失業」的禮物。

N正式失業的隔週，約我吃飯，本來心裡準備了許多安慰的話，想要幫她打氣，但我似乎多慮了，眼前的她卻老神在在地和我說著「資遣後」的計劃。

聽著聽著，讓我放心許多，也佩服她的先見之明。

／

當我還在職場上走跳的年代，電視、報紙這些主流媒體當道，在大媒體工作的業務每個月業績隨便都是幾百萬起跳，六位數的月收入也是種常態。

那時，可以看到許多少年得志的同事，才三十出頭，年收入就超過七位數，習慣性過著揮金如土的生活。

當大家開著名車、手戴白色 CHANEL 山茶花手錶、拎著 DIOR 包包跑客戶，就只有 N 特立獨行，拎著一個布質環保袋，開著 TOYOTA 中古車跑客戶。

記得，有次曾搭著她的中古車一起出差，我開玩笑地問她：「妳賺那麼多錢，怎麼不給自己換一台車啊？」

成年人最大的悲哀，就是沒有得到該有的尊重。
在這個資本主義的世界，
大部分的尊重，都來自於你所擁有的財富。
想成為「被尊重」的大人，
口袋就不能空空的啊。

她說：「我都把錢拿去投資啦。」

在開車的過程中，她和我聊著從小家境不好，專科畢業之後，一個人從鄉下到台北賺錢，開始賺錢後，很怕又過回以前的苦日子，所以特別懂得未雨綢繆的重要。

她和我說：「年輕的時候就開始投資理財，誰知道未來會怎麼樣呢？」

「未來」真的很快就來了……。

世界越變越快速，近五十年的變化，超越過去一百年。這十年的變化，又遠遠超越過去五十年，沒有跟上的人，很快就會被淘汰。

短短的十年，自媒體快速地興起，讓傳統媒體陷入崩盤式的衰退。

以前，月營收三億的主流媒體，現在剩下不到十分之一的營收，習慣月入六位數的年輕業務們，現在都已經是坐四望五的中年人。

在中年之後，他們必須去適應只領基本底薪的生活，甚至要面對公司裁員的壓力。

／

N邊喝咖啡、邊和我說：「我很感謝當時的自己，人家買包、我買股票，沒有把錢亂花，工作幾十年存下的股票，現在一年可以拿到五、六十萬的股息。雖然和以前的收入不能比，但被資遣後的生活，也不至於有太大的危機。」

成年人最大的悲哀之一，就是沒有得到該有的尊重。在這個資本主義的世界，大部分的尊重，都來自於你所擁有的財富。

想成為「被尊重」的大人，口袋就不能空空的啊。

就像電影《寄生上流》裡的這句經典台詞：「錢就是熨斗，能把一切都燙平了。」

當你口袋沒錢，眼前就只有皺巴巴的生活。

／

比起「中年失業」，更可怕的變成無法翻身的「下流老人」。

日本作家藤田孝典二〇一五年出版的《下流老人：一億総老後崩壊の衝撃》應該是我成年以後，看過最恐怖的書籍之一。

在追逐成就、享受青春的年紀，從來沒有想過人生會有意外，《下流老人》讓我開始思考，自己到底有沒有能力去承受這些不可預測的人生風險。

這本書中寫道，即使你現在月薪有五萬元，都可能變成又窮又孤獨的「下流老人」的十種人生風險：

一、想不到雙親會病殘。
二、想不到自己病殘。
三、想不到子女會病殘。
四、想不到子女會啃老。
五、想不到會被騙失財產。
六、想不到會財產重創。
七、想不到會有賠償意外。
八、想不到房租如此沉重。
九、想不到老後租不到屋。
十、想不到老後無伴。

你有沒有發現，從一到九項都和「錢」息息相關！疾病的醫療照顧成本、財產的損失，還有老年居住問題，如果沒有足夠的經濟基礎，一個風吹草動都足以壓垮生活，把人逼到「下流」。

這也更加突顯，錢雖然不是最重要的，但絕對是必要的現實面。

記得有位資深女星說過：「老了，要有點錢才不會被人嫌棄。」大齡者特別容易因為經濟狀況不佳被社會瞧不起。

年輕的時候，我肯定不認同這些話，只會覺得這種言論是否太過現實、俗氣，但步入中年後，我的交友圈裡，不斷地上演這種「淪落下流」的事件。

同樣在媒體圈，這位S哥的人生下半場就沒有N那樣幸運。

以前剛進媒體工作，我就耳聞S哥投資房產有成，身家超過兩千萬，比自己的主管還有錢，出來工作只是為了交交朋友、打發時間。

就在幾年前，輾轉得知S哥的現況。

他被吸金集團洗腦，謊稱有「年報酬率百分之三十」的投資標的，不但投入自己的所有身家，連親朋好友也被他慫恿，加入投資。

後來東窗事發，這個吸金案鬧上了新聞，他才驚覺自己的積蓄被騙光了，還得背上親友們的債務。

現在的他六十歲，本應可以無憂無慮地享受人生，卻因為一次投資的大失誤，在大樓當清潔員，努力償還債務。

另有一位朋友V，他在三十多歲就創業有成，擁有好幾家人氣餐廳，到了年近五十，依然保養得宜，穿名牌、開名車，是我們朋友眼中的勝利組。

二〇二〇年，他推新的餐飲品牌並大規模展店，沒想到遇上疫情，慘賠了幾千萬，為了周轉，把自己和老婆名下的房子都拋售求現。幾個月不見，頭髮都斑白了。

V贏了前半場，卻在人生中場時事業歸零，婚姻不保。曾經的上流青年淪落成下流中年，不過就短短一、兩年的光景。

╱

人生的每個階段，都有該做的功課。

二、三十歲要衝衝衝、到處闖，四十歲開始，要學習整理自己——整理心態、整理關係、整理財務。

中年之後，凡事要能遊刃有餘，不該再過著 All in 豪賭自己的人生，這不是認老，而是為下一個階段的「好日子」做準備。

年輕最大的本錢，是能犯錯、能再起；四十之後最大的優勢，是歷練後的穩重。我們肯定會越來越老，也希望我們會越來越好。

05

人生在走，財商要有

有些人自認個性恬淡，只要日子過得平平穩穩、享受歲月靜好，此生就功德圓滿，但可知道「平平穩穩、歲月靜好」的背後，需要多少底氣和實力去撐著。

你工作不肯努力、賺錢不用腦力，一遇到減薪、裁員就立刻 hold 不住自己的人生，還想拿什麼去保護家人、呵護愛情、維持友情呢？人生在走，財商要有，如果放棄投資理財這件事，就等於宣告放棄平平穩穩的日子。

有人不是富二代，也沒有高學歷，甚至連職業都遠不如你，但他的財務表現卻比你更成功，當你還在為錢奔波，人家已經達到財務自由、老神在在地享受被動收入。你不要只是顧著酸他們運氣好，應該檢討的是人家做對了什麼，還是自己少做了什麼？

如果智商（IQ）、情商（EQ）可以決定一個人上半場的成就，財商（FQ）絕對是人生下半場逆轉勝的能力。

它的成效不是一蹴而成，而是靠著日積月累的涓流之力匯集成的巨大力量。

你要把「財商」當成一種日常，把基本觀念深植在自己腦袋瓜裡，變成自己的DNA，在理財之前，有兩個觀念一定要明白：

百分之五的機會成本

略懂投資理財的人應該能理解，年投報率百分之五，其實並不是一件難事。如果你省下一百元好好投資，隔年，它可以幫你賺回百分之五的報酬，如果持續投資，還會產生複利效應。

這也就表示著，當你從荷包裡拿出「一百元」亂消費，其實真正花出去的成本是「一百零五元」！（那五元就是放棄投資的機會成本）

有這種「機會成本」的認知，你就會稍微收手一點，所謂的「小確幸」，其實它的成本比你想像多更多。

工作不肯努力、賺錢不用腦力，
一遇到減薪、裁員就 hold 不住自己的人生，
還想拿什麼去保護家人、呵護愛情、維持友情呢？
人生在走，財商要有，
放棄投資理財這件事，
就等於宣告放棄平平穩穩的日子。

花錢要合理

心理學有個名詞叫「錨定效應」，是指當人們需要對某個事件做定量估測時，會將某些特定數值當作起始值，起始值像錨一樣制約著往後的估測值。

消費行為也是這樣，如果把自己消費標準拉得太高，非名牌不穿、非大餐廳不吃，你會把這種消費方式錨定成「常態」，這樣的消費習慣並不代表變得「更高級」，而是讓自己變得「很難養」。

不要太常犒賞現在的自己，而是要存錢給未來的自己。你要記得，口袋有錢才是真高級。

／

這輩子，我去過兩次酒店。

第一次是剛入社會工作時，陪兩位主管到台中出差，他們帶我去的。那晚，兩個已婚主管大解放的樣子，讓我有點驚恐，看到他們和小姐們玩得很瘋，我和一個年紀比我小、資歷和我一樣淺的菜鳥小姐，兩個人躲到隔壁的包廂「避難」。

我好奇地問她：「為什麼來酒店工作？」

她說：「趁年輕多賺一點，給家裡，也計劃以後可以自己開咖啡店。」

她問我：「怎麼會來酒店？」

我說：「主管說要帶我開眼界……。」

她又問：「好玩嗎？」

我說：「不好玩，很恐怖……。」

可能年紀相近吧，我們聊著在職場被前輩、被客人欺負的總總，一直聊到主管大聲叫我們，才趕忙走回包廂。

去年，我第二次去酒店。認識十多年的客戶大哥，帶我到台北東區的酒店開眼界，這次優雅多了，沒有出現讓我驚嚇的場面。在酒店裡，我遇到了幾位「高財商」的小姐。陪在包廂的幾個資深小姐和大哥都熟，談吐有趣、懂進退，她們試著和我這個新面孔攀談，想找出共同的話題，一聊到「投資」，大家的話匣子被打開了。

其中一個小姐說：「我剛入行的時候，每次領到獎金、每年過生日，我都會到名牌專櫃、刷個精品犒賞自己。」

另一個小姐氣噗噗地說：「幾次需要現金周轉，把名牌包轉賣，才發現幾萬、幾萬買來的包，根本不值幾個錢，嘔死了。」

其他小姐跟著起鬨說：「名牌包像渣男的愛，貶值得厲害。」

「名牌包像女人的身價，變中古就不值錢了啦。」她們聊開了，完全忘了眼前的我是個男人。

我好奇問他們：「現在不買名牌了嗎？」

小姐A說：「以前送自己名牌包，現在送自己名牌股票。」

我問：「什麼是名牌股票啊？」

她們回：「公司穩到不會倒、名聲大到不行的公司啊，像是○○○、△△△……。」

哈哈，聽她們講出的幾個名字，果然都是大名牌。

原來小姐A，聽了恩客的教導，開始懂得投資股票。這幾年，手邊有閒錢就一張一張的買，其他小姐看她像個「包租婆」每年有股息、股利可領，也「跟風」開始學她投資，用包包，換股票。

A驕傲地說：「年輕小姐在比手上的包包，我們資深姐姐是在比誰手上的股票多。」

／

那天晚上的聊天很有趣，小姐們「投資有術」也讓我大開眼界。她們已經體悟到：財富，是那些看不到的資產，而不是拿在手上的名牌包。

江湖在走，財商要有，花錢炫耀自己多有錢，是最快讓自己沒錢的方法，如果再不覺醒，未來你也只能遙望著酒店小姐們的車尾燈。

06 不怕變老，只怕你還沒準備好

我經營的粉絲團已經邁入「第七年」，我也從當年四十歲的「七分熟男」，長成坐四奔五歲的「九分熟男」。

慶幸的是，雖然年紀徒長，但也明確地知道，自己心智方面也有了一些「長進」。坐四奔五的年紀，身邊許多朋友都非常的恐慌和不安，對我來說卻有越活越篤定的踏實感，並不是個性特別樂觀，而是我知道不管在心態、財務、人際上，自己已經準備好迎接變老的日子。

讓我有所警惕、提早準備，其實是因為看到老爸晚年的生活。

老爸，曾經是我心中「男人的樣板」。那一輩的台灣男人，活得刻板、沒有太多自己，也不懂怎麼做自己，退休後，彷彿也把自己的人生提前「過完了」。

我和他說過：「唉，老爸！你辛苦了一輩子，好歹也去吃喝玩樂一下吧！」但一直到臥病、離開，爸爸退休後的二十年，大致都維持在一種「宅男」的狀態。

我的好朋友也曾經和我訴苦過，她爸爸退休後，整天在家裡看政論節目，抱怨政治不好、經濟不好、老婆不如人、兒女不成材……，像是全世界都辜負他。

年輕時當不成「富爸爸」，老了卻成了「負爸爸」，退休的「歐吉桑」，真的是許多家庭「負能量」的來源。

／

我對「老」的恐懼，不是因為會變成皺巴巴的皮囊，而是害怕成為那種令人討厭又同情的長輩。

不過，觀念不斷在進化，這幾年很多厲害的前輩，為「中年之後」做了很棒的詮釋。「中場」到「終場」之間，原來有更優雅、更可愛的姿態啊！面對不斷增加的年紀、不人生沒有完美的狀態，只有完美的心態。
如果沒有早點體悟，
中年之後的你，只會變成酸溜溜的大人。

確定的未來，年輕的你又是怎麼樣的心情呢？

凡事皆有因果，老年的果，都是年輕時種下的因。

很多事情不會一夜之間就發生，都是時間醞釀出的結果。如果，能在年輕的時候就「提前準備」，你人生最美好的日子，其實還在「後頭」呢！

準備一：要有「自知之明」

有些事，二十歲做叫「可愛」；三十歲做叫「帥氣」；四、五十歲之後做，就叫「可憐」。你就別再勉強、逞強去做一些「不適合」自己的事啦！

人生下半場要開心，先要有「自知之明」，這不是對人生「消極」，而是讓自己「轉念」。既然，已經用人生上半場的時間，證明自己不是成為偉人、強者、贏家的那塊料，那麼下半場，就要能享受做個「普通人」的快樂。

「心能造業，心能轉業。業由心造，業隨心轉。心不能轉業，即為業縛。業不隨心轉，即能縛心。心何以能轉業？心與道合，心與佛合，即能轉業。業何以能縛心？心依常分，任運作受，即為業縛。」

正如禪語所言，人生沒有完美的狀態，只有完美的心態。如果沒有早點體悟，中年之後的你，只會變成酸溜溜的大人。

準備二：具備「理財知識」

電影《寄生上流》裡的窮爸爸，有句經典台詞：「你知道什麼計劃絕不會失敗？就是沒有計劃。」這句話透露出窮爸爸的「貧窮思維」。

這句話聽起來豁達，但至少在「理財」方面，這樣絕對行不通。很多人抗拒理財的理由是：「我的數學不好，看到數字就頭痛！」逃避問題、害怕麻煩，這正是最典型的貧窮思維。

不管你的年紀多大，一定要有正確的「理財觀念」，也要有穩健的「財務規劃」，因為你體力、腦力正在衰退，身段也不會像年輕時柔軟。

下半場的人生，你不可能像「上半場」一樣，拿健康、拿時間去換錢。只有穩健的財務基礎，才可能有安心的人生下半場。

連我這種大學聯考，數學只拿二十分、未達全國低標的人，都懂得理財了，千萬別說你不行啊。

準備三：培養「讓你心動的興趣」

「退休前，人生是彩色的；退休後，人生是黑白的。」這都是因為工作太努力、生活只剩下工作的後遺症。

七十二歲的漫畫大師弘兼憲史說：「不論年紀多大，心動的感覺，都會給我們生存動力。」除了工作之外，至少要培養一種能讓你「心動」，又能不斷「進步」的興趣。

關於這點我非常有感覺。兩年前，我對桌球產生極大的興趣和熱情，就開始固定的上課練習，還訂了一個目標，希望有朝一日可以得到某個比賽的長青組冠軍！

去年，我培養出畫畫的興趣，現在又多了一個開畫展的願望。這些興趣除了讓生活有動力和目標，也讓自己多了更多「可能性」，未來的日子肯定不會太無聊。

「興趣」也是結交新朋友的管道，不想以後變成老宅男、老宅女，現在開始「培養興趣」是必要的準備工作。

準備四：丟掉「倚老賣老」的心態

動不動就說認識「某某某」、動不動就提「當年勇」、只顧著說話，卻不懂得傾聽，這些都是「倚老賣老」的心態，會被人拒之千里。

每個時代，都有自己的運作方式。對於年輕人，不論是他們的事業、愛情、婚姻、人生（政治，也是一樣），當你到了下半場後，都應該學著放手，把世界留給他們，讓他們自己做主。

你需要做的，就要給予他們祝福，這種溫暖的長輩才會討人喜歡，才不會越活越孤僻。

／

我知道你現在也許還年輕，有大把歲月可以揮霍，但凡事要提早準備，才不會措手不及。不要到了人生下半場，才發現心有餘而力不足，也變成了那些你曾經討厭、可憐、不屑過的下流老人啊。

自己的老年自己救，別讓年紀變成一種「詛咒」。

07

72法則，算出你資產翻倍的時間

影劇新聞上偶爾會看到這樣的標題：「老牌藝人晚景淒涼」、「昔日大明星，淪落XXX」，有人覺得是命運捉弄人，但我認為「事出必有因」。

同樣是老牌、同樣是明星，有人可以越活越自在，有人卻越過越淒涼，除了不可抗力的「健康」因素，仔細探究這些「淪落人」，似乎都有類似的Bug（漏洞）。

不只演藝圈，我和電商圈朋友聊天時，也聽到了一些業界的新鮮事：關於一個「年收入三百萬」的直播主。

網路上「叫賣式」的直播主越來越多，高人氣直播主的在線人數都是幾千起跳，比明星、大咖網紅還有號召力。

據聞，某平台老闆和二十三歲的直播主簽了五年長約，保障她年薪三百萬！對一個剛入行的年輕人，這是一個很棒的機運。

但簽約之後，直播主開始揮霍，買了進口車、名牌包包更是不手軟的刷刷刷，雖然收入高，後來竟然要和老闆「預支」才夠花用。

前輩勸她：「錢要省點花。」她帥氣地說：「多開幾檔直播，就賺回來啦。」

故事聽到這裡，我心裡很納悶，她哪來的自信，覺得人生可以日日好、年年順？殊不知，網紅、直播主就像流行商品，會被淘汰也會過季。她應該利用自己的機運，好好累積日後的資本。

／

根據國外調查，百分之七十的樂透頭獎得主，最後下場都是宣告破產，美國一位威力球得主，贏得稅後兩千七百萬美元彩金（約台幣七．九億元）後，買了超跑、私人飛機和豪宅，還舉行奢華婚禮，五年內就敗光所有獎金，搞得自己負債累累，妻離子散，

看起來有錢的，
都花在身上那些光鮮亮麗；
而真正有錢的，
他們的錢正忙著幫忙賺錢。

最後在安養院孤單去世。

台灣也有位小黃運將，幸運地中了兩千兩百萬的樂透彩金，當時他恣意揮霍，不到兩年竟把彩金全花光，後來他公開自己的遭遇，希望給其他彩券得主警惕。

並不是中了樂透、發了大財就保證從此過著幸福快樂的日子，如果缺乏「財商」，也只是一場美麗的錯誤。

／

如果換做你中了兩千萬樂透，你會怎麼做？

沒有理財觀念的人，肯定會這樣算：一個月花十萬，一年就花了一百二十萬，兩千萬十六年就花完了！

但有點「財商」的人，應該會把彩金拿去投資穩健的股票、ETF、基金，讓每年殖利率維持在百分之六以上，再利用複利效應，用十二年讓兩千萬滾成兩倍（72法則）。

十二年後，在不動到本金之下，每年就可以領到兩百多萬的配息，而且可以一直領到掛掉。

／

金融學裡有個「72法則」的名詞，我覺得它是非常迷人的東西。簡單來說，就是把72當作分子，報酬率當作分母，得出的結果就是你的資金「翻倍需要的年數」。

例如：我用一百萬投資，買了每年配息率有百分之六的股票（例如：0056），然後把每年領到的百分之六股息，再投入購買這檔股票。你知道我的一百萬本金，何時會翻倍成兩百萬嗎？

72當分子，利率（6%x100）當分母

72／6＝12年

也就是說，十二年後，我的一百萬會翻倍成兩百萬。

我的一百萬替我做工，十二年賺了一百萬！這就是「複利」的力量；這就是「用錢賺錢」；這就是「被動收入」！為什麼那麼多人在講存股、研究存股，就是這樣的道理。

年份	本金	年利率
-	100	
1	106	6%
2	112.4	6%
3	119.1	6%
4	126.2	6%
5	133.8	6%
6	141.9	6%
7	150.4	6%
8	159.4	6%
9	168.9	6%
10	179.1	6%
11	189.8	6%
12	201	6%

圖表 2-1

本金與年利率的資產試算

假設本金有一百萬，每年報酬率百分之六，並且把每年拿到的利息再投入本金中滾動，另用72法則計算，十二年後，你的資產就可以翻倍。

／

如果你和這個二十三歲的直播主一樣，年紀輕輕就有很好的機會財，我會建議把每個月收入的一半拿來存股。一年存一百五十萬，五年共存到七百五十萬，如果按照72法則計算，四十歲之前，七百五十萬就會翻倍成為一千五百萬。

靠這一千五百萬投資，每年生出的股息就有九十萬！年領九十萬，這應該可以讓人沒有太大的後顧之憂，甚至可以不用為五斗米再折腰了。

／

「複利效應」是老天爺給自制、自律的人最好的「禮物」，你一定要懂得收這份大禮。

當你開名車、拿名牌包，是想要和別人炫耀自己的財富，但你知道嗎？這些拿出來炫耀的財富，其實已經不是你的財富了。

年輕的時候，我曾經很羨慕那些今朝有酒今朝醉，口袋有錢，立馬花光的人，他們看似很快樂、很帥氣、很光鮮。但隨著歲月增長，我也只見過他們當下的美好。

二十年後，他們的人生已經無法像以前那樣揮霍，反而是那些自律的人，才能擁有真正的自由。

看起來有錢的，都花在身上那些光鮮亮麗；而真正有錢的，他們的錢正忙著幫忙賺錢。

08

55計劃，為退休做準備

朋友在LINE群組發了一條訊息，他問大家：「要準備多少錢才夠退休？」以前我們聊的是風花雪月，現在年紀漸長，話題越來越多這種務實的人生課題。

「要準備多少錢，才夠退休？」剛進社會工作時，崴爺就想過這個問題。「如果活到八十歲，計劃在六十歲退休，退休後每個月可以有五萬元的生活費，必須得存到一千兩百萬才能退休。」二十四歲的我這樣想。

從二十四歲開始，往後的三十六年，每年必須存三十三萬才行！靠，這難度也太高了吧！而且就算在六十歲存到一千兩百萬，萬一活太久，被我花完怎辦？算完之後，我很沮喪，覺得這輩子要做到老、做到滿，永無退休之日了……。

瞭解投資工具、複利效應之後，
退休之前就擁有財務自由，
不再那樣遙不可及。

自從開始瞭解投資工具、複利效應之後，我得到了不一樣的答案。原來在退休之前就擁有財務自由，不是我想得那樣遙不可及。

這裡分享我的一套「55計劃」，讓你瞭解只要能夠按表操課，就有機會在六十歲存到一千兩百萬。

「55計劃」——

第一個五年：二十五歲～三十歲，存到五十萬；

第二個五年：三十一歲～三十五歲，存到第一個一百萬；

第三個五年：三十六歲～四十歲，存到第二個一百萬；

第四個五年：四十一歲～四十五歲，存到第三個一百萬；

第五個五年：四十六歲～五十歲，存到第四個一百萬。

以圖表2-2中的二十五歲至三十歲為例，三十歲存到五十萬後，投入年報酬率百分之六的投資工具，並持續將每年獲利再投入。依72法則，這筆五十萬會在十二年後，也就是在四十二歲的時候翻倍成一百萬、五十四歲的時候翻倍成兩百萬，其他依此類推。

年紀	25~30	31~35	36~40	41~45	46~50
投入錢母	50 萬	100 萬	100 萬	100 萬	100 萬
年報酬率	6%	6%	6%	6%	6%
42 歲	100 萬（翻倍）				
47 歲		200 萬（翻倍）			
52 歲			200 萬（翻倍）		
54 歲	200 萬（再翻倍）				
57 歲				200 萬（翻倍）	
59 歲		400 萬（再翻倍）			
60 歲					200 萬（翻倍）

圖表 2-2　55 計劃的投報率試算表

把這些錢當成自己的「勞退基金」，不要去追求高風險、高報酬的標的，把它放在年報酬百分之六穩當的投資工具（例如：穩健型基金、指數型ETF等）。

每年把獲利再投入，這樣運用複利滾動，四百五十萬的本金，就可能在六十歲時滾到一千兩百萬！重點是，退休後不用吃老本，也不會動到一千兩百萬的本金，就靠著百分之六的股息「錢賺錢」，每個月坐領五萬的生活費。（這些被動收入還不含勞退基金的收入喔！）

如果你的賺錢速度「更快」，可以在年輕的時候投入更多「錢母」，或是讓自己生活開銷「更少」，就能越快達到六十歲退休的目標。

從多少錢才能退休？我又延伸出其他問題，讓你好好思考。

趁早養成「量入為出」的生活

由奢入儉難，現在你年輕、有主動收入，可以預支未來的揮霍，但退休之後，可不是這麼回事。

趁早訓練自己「斷捨離」的觀念，讓自己生活中只留下「必須」的物品，少點「想要」的慾望。

老了住哪裡？

崴爺自己的觀點是，年輕時，房子並不是必要的東西，不用為了一間房，把全部的身家都壓在上面。反倒是應該好好運用手邊的現金，增加自己的價值、創造自己的機會。別被媒體上「房東不租給老人」的標題嚇到，台灣空屋多，便宜的房不少，只要你手邊有錢，真的不必擔心老了沒地方住。

千萬別把老本給兒女

請學學西方人的觀念，子女就是個體戶，好好養大了就放飛吧！

我有個朋友為了創業把爸媽的棺材本都賠光了，父母老了還要為錢苦，情何以堪，所以各人造業各人擔，你的老本請好好守住。

現在就要把「健康」當回事

退休後，「健康」也是一種「成本」。

所以現在該運動就運動、該保養就保養，幫自己的身體先存一點老本。另外，基本的醫療意外保險，也是一定不能少，免得給另一半帶來太大的負擔。

09

職場裡的《魷魚遊戲》

花了三天追完NETFLIX的《魷魚遊戲》，非常過癮，這也是難得沒有被我棄劇的影集。

《魷魚遊戲》裡出現許多似曾相識的情節，仔細想想，這不正是職場的翻版，只差在職場的《魷魚遊戲》沒有鬧出人命……。

大部分的上班族都被圈在公司的體制內，玩著你爭我奪的遊戲。比賽中，不管你有多強，就是要按照遊戲規則走，想要生存下來，憑的不只是實力，更要比你的「運有多好、氣有多長」。

對職場新鮮人而言，《魷魚遊戲》可以當成行前教育，換位思考，用遊戲的邏輯去理解職場生存的法則。

「職場，除了對錯，還有利弊。」
有些人為了生存，在目標導向下，
對和錯就變得不是這麼重要⋯⋯。

對職場老鳥來說，溫故知新，順便檢視自己，在職場中到底是哪個角色。

／

「別怪別人狠，每個人背後都有生存下去的理由！」

劇中「曹尚佑」因為遊戲輸給了「阿里」，曹跪著和阿里說著之前對他的恩情，希望阿里把生存的機會讓給自己。

曹說：「我家裡有老母親要照顧。」

阿里哭著說：「我家也有妻小要照顧……。」

其實，在職場中，誰的背後沒有故事？誰沒有必須生存下去的理由？

這種「不是你死、就是我活」的競爭環境中，要嘛就狠、不然就滾，打悲情牌是完全沒有用的。

／

「出賣，是職場競爭的必須手段！」

曹尚佑的苦肉計失敗後，他利用阿里對自己的信任，偷走了阿里手上的籌碼，害阿里被淘汰出局。

「曹尚佑」這個角色，一直讓我想起以前職場上的小主管，平時對你略施小惠，慢慢馴養你、讓你對他忠心耿耿，但遇到出包，毫不手軟地把你推出去當成替死鬼。

要在職場平步青雲，有點手段是必要的，感情用事只會壞了好事。唉，這招我好像真的學不起來。

╱

「再好的關係，出現利害，也會變得血腥。」

「成奇勳」和老人「吳一男」之間；「成奇勳」和「曹尚佑」之間，原本有著很好的情誼，但越到淘汰賽的尾聲，彼此成為生存的競爭者，也讓關係發生變化。

成奇勳欺騙吳一男，成奇勳、曹尚佑互相敵對，這也讓我想起曾經在職場上的同梯。

本來我們感情不錯，可以互相吐苦水、聊八卦，但碰到了二擇一的升遷競爭，開始出現的敵對心結。

所以你的腦袋要清楚，在職場的零和競爭中，是不可能出現真正的友情，就算曾經關係再好，也會變得很血腥。

／

「只有遊戲結束，才可能有純粹的友誼。」

「姜曉」和「智英」的友情，讓我特別感動。智英最後把唯一的生存機會，留給了有生存目標的姜曉。

我之所以感動，可能是有一方願意犧牲自己吧！但在真實的職場上，大多是好友為了搶奪稀有的資源而翻臉「互撕」。

彼此沒有利害關係時，才可能有純粹又美好的友誼。

很多人都想擠進「大公司」、「大集團」，如果你已經成功擠進這道窄門，歲爺可以分享一些「錯誤價值觀」給你。

雖然錯誤，卻很受用，可以讓你過得爽爽、永保安康。

／

有些企業財力雄厚，或者屬於市場上寡占、獨佔、龍頭的企業，就算內部人員沒有什麼競爭力，還是能好好的存在。

這種大到倒不了的公司，你有多少本事並不重要，重要的是你「長不長眼」。大公司的價值觀絕對和你我想得不一樣。

千萬不要談革新

進到這種公司，一定要把「革新」兩字從字典裡消除，因為你的「革新」就是老屁股們的威脅。老屁股雖然沒本事，但最擅長的就是把「革新派」鬥走、鬥臭，就算平常分派系的老臣，遇上要革新的年輕人，也會變得異常團結。

什麼數位化、簡化流程……，對老屁股而言就是眼中釘，他們只想好好抱著自己的位置，在公司安享天年。談革新，別鬧了喔！

要成為主管的自己人

不是你的直屬主管，就保證會罩你。

有時候主管為了自身安全，也是會把你送上斬首台。所以你一定要抱緊、抱好主管的大腿，平時噓寒問暖、私下請客聚餐，要讓主管把你當「自己人」。

你要知道，當要裁員、資遣的時候，被犧牲的永遠不是能力最弱的人，而是那些「不是自己人」的人；到了要升官的時候，也不會是最有能力的人，而是那些主管的「自己人」。

把鬥爭當成本事

鬥爭，是一種本事。

就像你有顏值、有能力一樣，鬥爭就是一種職場的「才華」。在職場上自保，只是基本功，會鬥爭才有競爭力。

有能力的人，適合出來自己創業、打天下；沒實力的人，就要學會鬥好、鬥滿。

「職場，除了對錯，還有利弊。」

有些人懂玩，深諳職場的潛規則，靠著利害關係，在職場上下其手。

有些人為了生存，在目標導向下，對和錯就變得不是這麼地重要……。

江湖走跳久了，你也就明白「職場」就是這麼回事。它不是競選好人好事的地方，

而是要創造最高價值、利益的戰場。

你很難去改變它，要嘛忍，要嘛就滾。

這也許就是我當初想自己創業的原因吧……。

回歸到生活裡，沒了利弊之後，對錯終究會反饋到自己身上。

回歸到生活裡，理財能力才是人生真正的競爭力。

10

你的職業，不是你的事業

我常問身邊的朋友們如何理財、如何為退休鋪路，其中有一派朋友的答案是：「我不懂理財啦，我都把錢放定存，穩穩賺利息，比較安心，也不會虧錢。」

把錢放定存，真的不會虧錢嗎？

我上網查了一下，台灣近幾十年的通貨膨脹率平均在百分之一．二到一．三，這個統計數字，並沒有計算「房價」的漲幅喔，如果把房價計入，實際通貨膨脹應該會比這個平均數字更高。

但是，台灣各銀行一年期的新臺幣定存利率，大約落在百分之一．○六左右，台幣活存的利率大約是百分之○．八，所以把錢存在銀行，並不會賺錢，反而會被通膨吃掉你微薄的利率……。

這樣講，可能還是有點無感，我就舉兩個生活化的例子，你就知道多誇張了！

在我國中的時候，一個菠蘿麵包大概十元，但三十年後的現在，一個菠蘿麵包要三十五元，而且體積還變小了。二〇〇〇年，我在汐止買了第一戶房子，一坪十二萬；二〇一九年，我查了同樣的地點，一坪已經漲價到四十萬，而且屋齡更老了！

如果你打算靠著「定存」的利息退休養老，未來可能真的會變成「下流老人」。

如果什麼都不做，你戶頭裡的那些錢，它的實質購買力正在持續的減少中！如果希望能達到財務自由、不再被工作綁架，那就要開始理財，而且越年輕越好。

窮人存錢消費、富人賺錢投資。年輕力壯時努力拚事業，但在忙著賺錢的同時，請記得也要和「你的錢」當朋友，關心一下自己的資產，是不是有效率的配置。

／

「人生投資就像滾雪球，你只要找到一塊濕的雪，和很長的坡道，雪球就會越滾越職業是一時的，事業是長久的。
理財，才是你的終身大事業！
但我發現，
很多人並不是很理解這件事。

大。」這是投資之神巴菲特的名言。

說真的，我以前參不透這句話的意義，年過四十，終於才有一點領悟。如果能越早瞭解這句話的意義，你就越有機會擁有自由的人生。

所謂「濕的雪」

「濕的雪」指的就是「投資工具」，而且這個工具必須是「相對穩健、不會波動劇烈、不會大起大落」。

因為符合這樣的特質，你才能安安心心地專注本業工作，然後放心讓它在坡道上滾動，才能享受到長時間的複利效益。

有些投資專家主張，年輕人應該投入風險性較高、獲利性相對較好的投資標的。但我自己是過來人，年輕的時候口袋淺淺、個性又不夠沉穩，一點風吹草動，就嚇得要死，可能帳面上賠個百分之五，就讓人吃不下、睡不著。

如果你很清楚自己就是這樣個性的人，建議投資的四個原則——不碰複雜的、不碰搞不懂的、不碰高風險的、不碰太傷神的。

我覺得國內外指數型ＥＴＦ，就是不錯的標的之一。

所謂「很長的坡道」

「坡道」，指的就是你的「時間」。

愛因斯坦說：「複利的威力比原子彈還可怕。」如果能選擇一塊濕的雪（標的），再運用坡道（時間）去滾它，會產生「複利」的效果，讓你的小雪球（投資標的）越滾越大。

在理財的過程中，我也有兩個很大的體悟：

一、理財，是為了讓人生風險變小，不是製造更大的麻煩

在你還沒搞懂之前，千萬不要道聽塗說，買什麼奇怪的高收益工具、做自己不懂的投資。所謂「高收益」意味著「高風險」，那叫賭博，不叫理財。

理財，是為了讓人生的風險變小，而不是製造更大的麻煩。

我覺得想要學習理財的人，先要有「風險管控」意識。「理財」就是「理人生」，懂得風險控管，你的人生才不至於出現太失控的劇情。

二、你的職業，不是你的事業

職業是一時的，事業是長久的。

你覺得，你能靠現在「職業」的收入養老嗎？如果可以，那你真的是天之驕子，但大部分的人應該都對未來充滿恐慌。

從事「職業」的當下，你也該要有建構「事業」的觀念。崴爺說的「事業」，不是指創業，而是要把「理財」當成一門事業來經營。

我認識一些不到五十歲就能安心退休的朋友，他們不是靠富爸爸、富媽媽，也不是年收百萬的科技新貴。他們共同之處，都是在三十歲左右就開始建構自己的「事業」，幫自己打造一個小銀行，賺錢、存錢、理財、讓錢賺錢。

理財，才是你的終身大事業！但我發現，很多人並不是很理解這件事。

11

我能想到最浪漫的事，不是一起慢慢變老……

「理財」這條路上，你的「伴侶」是很重要的一環。

很多年輕人談感情，不會太在意交往對象的經濟狀況，認為只要兩情相悅，就能戰勝一切。但激情過後，還是得面對生活裡柴米油鹽的瑣事，遇到財商不足、觀念錯誤的對象，肯定會帶來人生的大災難。

你缺乏金錢觀，找到的另一半也和你一樣，那叫加速滅亡；你不懂投資，另一半帶著你亂投資，絕對比悲傷更悲傷。

在交往前，從「花錢方式、物慾多寡、工作態度、財務觀念」可以看出一個人的「財商」高低，沒有財務規劃、愛亂買奢侈品（消耗品）、對工作沒熱情、是個資深卡奴、常態性借錢……，這些都是低財商的警訊。

我的傻朋友剛出社會時交往過一任女友（以下就稱她 A 小姐），A 小姐有幾個「慣性行為」。

他們兩人出門吃飯、約會，十次有九次是我朋友買單，朋友買單找回來的散鈔、零錢，全都會被 A 小姐收編到自己的口袋。

A 小姐的消費水平頗高，非餐廳不吃、非名牌不拿，我朋友個性大器，當時的收入也比女友高了一些，雖然一開始覺得怪怪的，後來習慣了，也就不以為意。

交往第三年，A 小姐說想去歐洲旅行，慶祝兩人交往三週年，朋友答應了。想當然爾，這趟旅行的機票、住宿，又是由我朋友刷卡買單。

申請歐洲簽證，需要提供兩人的「財力證明」，這是我朋友第一次看到女友的存款資料。

他嚇到了……。

原以為女友的收入不多，才會這樣節儉，但看到 A 存摺影本上七位數的存款，足足

你缺乏金錢觀，找到的另一半也和你一樣，
那叫加速滅亡；
你不懂投資，另一半帶著你亂投資，
絕對比悲傷更悲傷。

比自己多了六、七倍，原來真正窮的人是他自己！

後來A小姐存夠了錢，說要出國念書，出國半年後就和朋友提分手了。聽說A現在是跨國企業的高幹，和自己現在的老公在中國買了不少房產。

聽朋友說起這段十多年前的往事，我們都笑他年少無知，成為前女友的「被動收入」。

另一個女性朋友H，她和老公兩人的月收入合計超過十萬，兩人協議好，婚後每個月拿出三分之一當作兩人的生活基金，其他的錢就交給老公管理，希望幾年後可以從租屋族變成「有巢氏」。

這樣過了三年，H算算應該存了兩百多萬，攢夠了買房的頭期款，於是和老公討論買房的事情，但奇怪的是，老公堅決不肯。

後來逼問之下才知道，老公聽了別人報明牌，把錢都拿去投資股票，全都賠光了。

有個男網友在臉書社團「靠北婚姻2.0」發文，說自己是在婚友社認識的女友，從去年交往到今年十月，雙方進入論及婚嫁的階段。

男網友說，自己本來有一千六百萬的存款，但和女友求婚之後，兩個月就花掉五百多萬，讓他大嘆：「看清了！」強調不想再當凱子，寧願悔婚也不要繼續把錢投進這無底洞。

他列舉女方的要求：

一、要買新房並登記在女方名下，頭期款及房貸男方付。
二、小聘三十八萬，大聘一百零八萬，事後錢放女方名下。
三、要買三十萬的黃金套組。
四、要求疫情過後，去歐洲二十天蜜月旅行，還要準備六十萬給女方血拚買包包。
五、要求疫情過後，必須去沖繩拍教堂婚紗。
六、要求辦副卡。
七、要求女方掌控薪水。

八、喜宴要五星級飯店。
九、要買車給女方。
十、婚後不煮飯，三餐外食吃餐廳。

原PO最後悔婚了，還呼籲男生朋友：「談結婚時，女方開條件要你不斷拿錢出來，要小心，千萬不要讓對方知道你賺多少、名下財產有多少啊！」

／

之所以淪為「下流老人」，其中一個原因是「被騙失財產」。騙你財產的人，不會只有詐騙集團，還有一種是比詐騙集團更名正言順的「金光黨」，就是你的另一半。

那些自己不努力，把你當ATM的；不會理財，還把你拖下水的；賭性堅強，也把你一起賭上的……，都是該避開的危險人物，千萬不要把他們請進你的生活裡。

有句歌詞這樣唱的：「我能想到最浪漫的事，就是和你一起慢慢變老……。」但貧賤夫妻百事哀，如果兩個人是互相消耗到老，可不是件浪漫的事，可以一起慢慢變好，一起實踐財富自由，這才叫最浪漫的事。

Chapter 3

買房買股，切莫人云亦云

不懂就去買，那是「投機」；你懂才買，才叫「投資」。

投資，必須有策略，不是一次性的梭哈。財務自由是穩定的獲利，而不是短暫的暴利。當你身上有一筆錢要投資，記得要有紀律，慢慢佈局。

01

你該擔心的不是房價，而是自己的身價

年輕人該不該買房？

江湖傳言一：

年輕不買房，將來老了可能租不到房，因為沒有房東會把房子租給一個老人！

江湖傳言二：

現在不買房，將來的房子只會越來越貴（因為土地成本、原物料、工錢不斷攀高），讓你越買不起。

基本上這兩件事可能是「真的」，但都不是你該不該買房的理由。

經濟學上，有一個名詞叫做「機會成本」。

簡單地說，在面臨多個選項的選擇中，其中被你放棄的選項中，價值最高的那個選項，就是你的機會成本。

像是「魚與熊掌不可兼得」，你選擇了「魚」，那放棄的「熊掌」，就是你的機會成本。

為了買房，你放棄了「進修計劃」，它是你的機會成本。

為了買房，你每天要多花兩個小時通勤上下班，「犧牲的時間」就是你的機會成本。

沒有金爸爸、銀媽媽資助的年輕人，為了買房，勢必要犧牲些什麼。

如果你手邊正好辛苦攢下了一些錢，正面臨買房或不買房的困擾，那崴爺要恭喜你，因為你是有選擇權的人。

但千萬不要「為了買房而買」，買了自己不是很喜歡的房子，背了超過負荷的房貸。

你應該好好評估，買房之後的「機會成本」。

對年輕的你而言，
問題並不是現在要不要買房，
而是你有沒有本事讓自己「增值」。

我認識一位YouTuber，是個北漂的年輕人，在還是上班族的時候，他曾經考慮在桃園買房，但這樣一來每天得花快兩個小時往返台北市上班。

後來，他放棄買房的念頭，選擇租了一間離公司通勤二十分鐘的套房。

這些節省下來的時間，他開始學習怎麼製作、拍攝影像，並投資相關設備器材，經營起自己的3C開箱頻道。

兩、三年下來，小有斬獲，原本每個月只領三、四萬薪資的他，如今的業配收入已經遠遠超過正職。

他對我說：「如果當初選擇買房，可能現在只是忙著還房貸、每天趕著通勤上班，根本不會有心思去開發斜槓的收入。」

所以，懂了嗎？

對年輕的你而言，問題並不是現在要不要買房，而是有沒有本事讓自己「增值」。

房價可能會高漲，買房可能會增值，但只要自己「增值」的速度超過這些，根本不必庸人自擾，擔心這些假設性的問題。
因為，你已經把自己準備好。

／

問題錯了，答案也會是錯的。
老了並不會租不到房子，老了又沒錢，才可能會沒地方住。
你不用擔心房子越來越貴，該擔心的是，你未來的價值，能不能超過房價的漲幅。

02 新手買房，七個買房筆記

看房，一直是我的休閒嗜好。以前還是上班族時，同事是偷偷逛網拍、加團購，我則是上各大房仲網站看房。

假日，朋友相約吃飯、看電影，我是約朋友去看建案，連代銷公司都認得出我的臉。雖然當時買不起，但看看這些房子，腦海中會自動勾勒出美好的未來，其實還蠻療癒的，也是給自己多一點賺錢的動力。

看房，算是一個很勵志的休閒活動，很推薦給大家。

雖稱不上專家，掐指算我前前後後也買賣過十戶房子，有自住、有投資，有小賺、有賠過，還算熟能生巧。

我把自己這十多年的買房心得整理出重點，給想買房的新鮮人：

筆記一：買房預算，至少抓總價的三成

買房前，先看看自己的口袋，不要太過勉強。很多人都知道銀行貸款的自備款要兩成，卻忘了提到，買房其實還有許多「隱形成本」。

如果你是透過房仲買賣，是需要支付仲介費，目前的行規是按成交總價「買方付百分之一至二，賣方付百分之三至四」來收取仲介費，在買房的時候，別忘了會有這筆支出。（不過各家房仲搶案激烈，越來越多房仲願意降低仲介費，可以試著議價看看，不必照單全收。）

在房子過戶的時候，還會有代書費、政府規費、保險費等費用需要支付，也是一筆不小的數字。

有些人是買新成屋，一般來說新成屋是沒有天花板的，燈具也是暫時照明，所以需要記得多抓一筆簡單的裝潢費用。另外，接天然氣、裝熱水器、裝冷氣、買各種家電、家具，加起來也不是一筆小錢。

所以，購屋準備金至少要到總價的三成，才會比較餘裕。

買房就像結婚，
婚前，你有很多機會，
可以慢慢看、慢慢比較，
千萬不要為了結婚而結婚。

買房是要讓自己生活更有品質，所以事前一定要做好財務規劃，不然有了房子卻沒了生活質感，甚至淪落到被迫賣房套現的地步，那麼寧可租房可能比較快樂。

目前每一千萬的銀行貸款，每月大概要繳四萬左右貸款（依實際為準），我會建議多準備半年的還款預備金，日子才不會過得戰戰兢兢。

最後要特別提醒，決定簽約買屋之前，一定要把相關資料給銀行先進行評估，看看實際的貸款成數有沒有問題。

我遇過一些自以為可以貸滿八成的買家，經過銀行評估後發現之前有信用上的瑕疵，或是購買的物件沒辦法貸足八成（乙種工業宅、事務所），最後發生資金不足的窘境，所以簽約之前一定要先做確認。

筆記二：賣屋時，裝潢是不值錢的

很多屋主會在房屋介紹上寫著「百萬裝潢」，企圖用這樣的字眼拉高房價，依照實際經驗，除非是很了不得的大師裝潢，當你轉賣時，這些裝潢，真的值不了多少錢。

誰管你花了兩百萬裝潢，現在買方都是看時價登錄在喊價。裝潢就像新車，落地就不值錢，而且每個人的喜好不同，你的裝潢在買家眼裡可能是種累贅。

所以，如果不是你人生最後一戶房子，未來可能轉賣的話，裝潢真的不要花太多欸！（如果你錢多就另當別論。）

筆記三：當心仲介的數字遊戲

我遇過大部分的代銷、仲介都是不錯的，但也遇過會耍小手段的老鳥，我分享幾個他們常用的招數。

你要留意車位的價格，有些代銷會把價錢灌水在車位上，讓你誤以為每坪單價變低了，但實際上買的車位價格，比別人還高出許多，根本沒有買到更便宜的價錢。

還有，有些仲介會打團體戰，合演一齣大戲給你看。

我聽業內朋友說，在你出價後，仲介可能會告訴你這樣的價錢買不到，因為有另一組客人出了更高的價錢，屋主還不肯賣（還會秀給你看對話紀錄），其實所謂的另一組客人有可能是由他們的同事所扮演！

買房的時候要清楚自己的底線在哪，堅持自己的立場，不要被房仲的話術帶著走，無欲則剛，不買最大，別怕買不到，總會有更好物件在等你。

筆記四：預售屋、新成屋、中古屋的價格比較

新建案、預售屋，不見得比舊屋好。

同一個地區的新建案、預售物開價都會比附近的舊屋貴（很多），雖然「看起來」比較賞心悅目，但魔鬼藏在細節裡，房屋的品質不見得比舊屋好。

買預售屋時，建商的信譽、口碑，是重要的參考依據。我自己現在比較傾向買「看得到」、「有人入住」的建案，這樣才查得到實際的口碑。

預售屋的價錢，通常是反應未來的價格，所以它的開價會比目前的市場行情高；新成屋，通常是反映當下市場的現況；中古屋有折舊，通常價格會低於市價。

有一個簡單的推算方式，可以評估一個區域的合理房價：

五年內的中古屋，大約是新成屋九折的房價；

五至十年的中古屋，大約是新成屋八折的房價；

十至二十年的中古屋，大約是新成屋七折的房價；

二十年以上的中古屋，大約是新成屋五折的房價。

你也可以用中古屋的價錢，回推預售屋、新成屋的合理價。

不過，這種估價方式在高總價地段，像是台北的信義區、大安區，可能會產生低估的情形，因為這些精華地段的房子價值主要來自土地，並不是建物，所以會有另外的估價方式。

筆記五：風水有關係

因為工作的關係，接觸不少企業老闆，發現他們都非常相信風水，不論是選住家或是辦公室，都會先請風水師來看看。

另外根據建商統計，十個購屋者裡平均有五至六個會提到風水的問題，為了自己的運勢，也為了將來賣房時好脫手，有重大風水瑕疵、周邊有嫌惡設施的房子，建議還是不要考慮。

筆記六：保值，比增值更重要

還沒什麼買房經驗的人，特別容易被「洗腦」。

銷售人員常用「增值性高」的說法，例如：未來會有捷運、輕軌、有大商場、有重大建設……，企圖賣給你一個「未來」。

其實，建商已經是用未來的價格在賣你了。

後來你可能還會發現，銷售人員口中的大建設，只聞樓梯響，所謂「增值」只是一個大夢。

對我而言，現在買房「保值」比「增值」更重要。

筆記七：考慮未來賣房難易度

蛋白區，雖然便宜，但你未來脫手時，會發現很有難度，需要花很長的時間議價、讓價，這和潛在的購屋族群有關。

以我這兩年前後出售桃園、內湖的房子為例。

桃園的房子總價低，預約看房的人很踴躍，但成交難度較高，雖然買方多有興趣，因為大家相對口袋淺，出價都會讓你傻眼。

轉售內湖的房子時，雖然只帶看幾組人（我賣房沒有委託仲介，都自己賣），他們看了喜歡，就會出價，而且不亂砍亂殺；相較之下，會看蛋黃區的買方，口袋真的會比較深。

買房就像結婚，婚前，你有很多機會，可以慢慢看、慢慢比較，千萬不要為了結婚而結婚。三觀不合，勉強屈就或高攀，日後只會有層出不窮的麻煩和問題，到時候離婚會比結婚還困難。

03

房子，只是對抗通膨的工具？

二十六歲，我懵懵懂懂買下人生第一間房子。

當時家中變故，呈現一種家裡沒大人的狀況。我隻身來到台北創業，原本只是想請仲介幫忙找個租屋處，但在房仲大媽「租不如買」的強力洗腦下，買下了人生第一間房。

那是位在汐止大約二十四坪的中古屋，售價三百萬，房貸利率百分之七左右，付了自備款八十萬，之後每個月要負擔一萬五千元的房貸。

等房子過了戶，才知道當時的汐止是會淹水的，也才知道買房原來可以「議價」。知識的貧乏，又不懂得做功課，真的會多付出一些代價。

這已經是二〇〇〇年的事了。

二〇〇二年，我開了第二家餐廳，這家店的房東是個自己創業的大叔。

他和我說：「你的本業，能讓你賺到小錢，但想要累積可觀的財富，一定要學會投資房產！」

房東大叔經營不銹鋼門、鐵窗的生意，他把大部分本業賺來的錢都投資在房地產，大叔很熱心地算給我聽：

「一千五百萬的店面，你可以和銀行貸款一千萬，租給房客一個月六萬，等於是房客在幫忙繳銀行的利息和本金，這就是財務槓桿的遊戲。」

「你只要選對地點，不只是房客在幫你繳房貸，甚至幾年後還有機會賺到房價的增值，我四年前就是這樣，輕鬆賺了五百萬……。」

聽到「賺錢」，金牛座青年的眼睛都亮了！雖然似懂非懂，但也算是我的一個啟蒙：原來有錢人是這樣在賺錢的啊！

汐止的起家厝，我住了八、九年後把它賣了。

我們的長輩，只要在年輕時買對了房子，
光靠房子的增值，下半輩子就不愁吃穿，
這個年代，已經沒有這樣的神話……。

第一次靠著賣房賺到了好幾桶金，終於體會房東大叔說過「本業讓你維生，投資才能讓你累積財富」的意思。

人嚐到了甜頭，就會想複製相同的經驗。

我把賣房賺到的錢，拿來當頭期款，買下台北市內湖的房子，隔年，我把開廣告公司賺到的收入和獲利，又買了大學附近的兩間套房當包租公。

兩年後，我賣了大學附近的那兩間套房，又讓我賺了一倍的增值。

二十六歲到現在，買賣過十戶房子，從當年的菜鳥熬成熟手，一直到現在，「看房」都被我當成主要的休閒娛樂之一。

因為在粉絲團分享過買房投資的經驗，有個三十初頭的粉絲私訊我：「崴爺，我創業賺到了一些錢，想要拿來投資房產，想聽聽你的建議。」

想起當年房東大叔給我的啟發，我也想把自己的經驗分享給他。

／

我們正處在一個「崩世代」，許多過去的經驗法則，逐漸在崩解；這個新的時代，正在重新定義它的邏輯和規則。

前面提到那些買房、賣房賺錢的往事，都發生在二〇一四年前。現在房產投資的大環境，已經和二〇一四年以前大大不同了。

房東大叔「買店面」的獲利模式，現在根本行不通了。

大叔那個年代，大部分的業種都需要「實體店面」才能做生意，但現在的電商時代，對實體店面的需求大幅縮減，供過於求，到處都可以看到待租的店面。

我的公司就在台北東區，這十年，看到東區的店面從一位難求，到現在乏人問津，加上現在「店面」的售價不知道在貴什麼，換算租金投報率還沒有投資指數型ETF高（如果租金年報酬率不到百分之二，根本沒有投資的價值），加上單價高，想脫手也不容易。

個人覺得，投資店面賺錢這件事，已經是北風北了，不用想，也不要碰。

／

買個小套房、小兩房當「包租公」，幾年後賣掉賺價差，這樣還不錯吧？

我平時把滑591、好房網當作滑IG，很愛看各地的實價登錄和租金行情，也有房子出租給房客，我分享一下目前房價和租金的實際行情。

以西門町附近為例，五年左右的十多坪套房，實價登錄上房價在八百萬左右，每月租金行情大約兩萬元，換算投報率大約是百分之三。

我中壢的房子，換算租金投報率也在百分之三左右。

平均來說，現在當包租公每年的投報率大約是在百分之二至四之間，只比銀行定存略高，而且這個數字省略了每年的土地稅、房屋稅、租屋閒置期的成本。

這樣的投報率，只能對抗通膨。說白了，我們這個時代，想和前輩一樣當包租公、包租婆維生，已經不太可能了，因為他們當初房屋取得的成本非常低，我們現在房屋取得的成本非常高，根本是在不同的立基點啊。

同樣資金放在其他的投資工具，報酬應該會更好，在這樣的機會成本下，我已經放棄當包租公的念頭了。

很多投資客，其實並不在乎租金收益，甚至有的人怕麻煩，買來的房子就空在那裡等「增值」。

二〇一四年之前，沒有「實價登錄」機制，買房、賣房的價格有很大的灰色地帶。以前，你可能遇到一個菜鳥或不瞭解區域行情的買家，願意用高於實際行情的價格買房，你可以賺到很高的價差。

但現在，實價登錄透明揭露中古屋交易的價格，也因為資訊的公開透明，讓投資者沒辦法偏離市場行情「賣太貴」，大大減少獲利的空間。

最讓投資者害怕的，就是「房地合一稅2.0」。

二〇一四年之前，你只要剛買到房，看到市場價格不錯，就可以立刻脫手賺價差，賣房的成本是很低的。

政府為了打炒房，行政院制定了嚴格的「房地合一稅2.0」，短期交易課重稅由二年延長為五年，如果名下的房子沒放個五年以上就賣出，將會面臨百分之三十五以上的高稅率。

適用對象	稅率（%）	房地合一稅	房地合一稅 2.0
境內個人	45	1 年以內	2 年以內
	35	超過 1 年，未逾 2 年	超過 2 年，未逾 5 年
	20	超過 2 年，未逾 10 年	超過 5 年，未逾 10 年
	15	超過 10 年	超過 10 年

圖表 3-1　政院版房地合一稅 2.0

（資料來源：行政院）2021.3.11 查詢

例如：你用兩千萬購入房子，持有一年半就用二千一百萬的價格脫手，雖然帳面上賺了一百萬，但扣掉百分之四十五的房地合一稅，實際上只剩下五十五萬的獲利。

這五十五萬還要扣除賣房時的土地增值稅、地價稅、代書費（十多萬跑不掉），還有銀行貸款的違約金、裝潢費，甚至還有仲介費。

扣除這些交易的隱性成本，你的獲利並沒有想像中多，而且前提是「房價必須要漲」才行啊！如果只是持平賣出，根本是門虧錢的生意。

另外，針對個人持有多戶房產，也調整了貸款成數限制，對多戶房貸成數採差別管理，只要是第三戶購屋貸款最高成數由六成降至五．五成，並新增第四戶以上購屋貸款最高成數由六成降至五成。

貸款項目		貸款條件	
		修正前	修正後
公司法人	第 1 戶 購置住宅貸款	6 成， 無寬限期	4 成， 無寬限期
	第 2 戶 購置住宅貸款	5 成， 無寬限期	4 成， 無寬限期
自然人	第 3 戶 購屋貸款	6 成， 無寬限期	5.5 成， 無寬限期
	第 4 戶 以上購屋貸款	（同第 3 戶， 未來另外規定）	5 成， 無寬限期
	購置高價 住宅貸款	6 成， 無寬限期	・無房貸者或已有 2 戶以下房貸者：5.5 成，無寬限期
			・已有 3 戶以上房貸者：4 成，無寬限期

圖表 3-2 房產與貸款條件表

（資料來源：財政部）2021.3.19 查詢

想要和前輩一樣開槓桿、靠投資房地產致富，現在根本是不可能的事。

這樣一路讀下來了，是不是覺得投資房產、當包租公真的沒有想像中好賺。

我們的長輩，只要在年輕時買對了房子，光靠房子的增值，下半輩子就不愁吃穿，但輪到我們這個年代，已經沒有這樣的神話。

有時候會覺得，房地產的紅利都讓前輩賺走了，輪到我們這批努力的新生代中產階級準備大展身手時，卻被許多嚴苛的規範限制著，真是不公平啊！

買房之後，一大筆資金就被卡在那裡；賣房之後，至少要等一個半月以上的行政流程，才能變現。

對於口袋淺淺的小資族、常常需要現金周轉的人而言，投資房產似乎不是最好的選項。

不過，日子還是得過，投資還是得做，現在把同樣的資本拿去投資股票或ETF，獲利可能會比買房好。

「既然如此，崴爺你幹嘛還買房投資呢？」好，問到重點了。

我這幾年在做投資的重新配置，把買在「蛋白區」的房子都脫手，將一部分的資金配置在股市，再把大部分資金購入台北市蛋黃區的房子，拿來出租。

正如前面提到的，我很清楚目前的租金投報率頂多就是對抗通膨而已，但我太瞭解自己的個性了！

對於投資，我很敢衝，卻常常三心二意，缺乏長期投資的毅力，尤其在二〇二〇年二月到六月經歷了股災。讓我產生了風險意識，才決定把大部分的錢，投資在蛋黃區的房子。

蛋黃區的房子雖然增值的空間不大，但相對其他區域更來得保值，只要不是太差的物件、購屋價格也合理，就不用太擔心會踩雷。我買房的目的是「守成」和「保值」，是為了對抗每年百分之一到二的通膨，打從心裡已經放棄增值的可能。

另外，不動產真的沒那麼容易變現，加上房地合一稅的規範，這個資產至少會安安分分地放上五年，不太可能短期買賣，對於我這種浮動的投資人，這個投資項目會逼迫我「安定」、「認分」，不要每天想東想西。

這時候買房投資的「缺點」，對我而言成了「優點」。

／

年過四十，我有個體悟。

雖然股市投資更刺激好玩，也更有機會短期獲利，但股市如浮雲，真的看過很多「過路財神」的案例。

加上，我的個性太浮動，所以買房投資是針對自己性格缺失，所做的決定。

如果年輕的你想靠投資買房賺大錢，基本上真的很難。

但如果你和我一樣，有點錢就手癢、愛亂投資，建議倒不如選一個蛋黃區的房子，好好地把錢鎖在那裡吧！

04

該買房？該買股？

我公司有個優秀的員工，不到三十歲就存了兩百萬，因為她耳聞老闆我頗有投資經驗，所以問了我這個問題。

「我這兩百萬，要拿來買房子？還是拿來買股票？」

她是北漂族，長期在新北市租房，每個月的房租一萬二，她在三重找到了十六坪，總價七百多萬的中古套房，考慮要不要買下。

但是，她看到股市正熱，身邊的朋友幾乎都賺到了錢，又覺得是不是該把這些錢拿來買股票。

於是，我開始進入「金牛模式」分析給她聽。六年後，這兩種選擇分別會有什麼變化？

如果把兩百萬拿來存股，年報酬率百分之六、用複利計算，第六年後，她手上會有兩百六十七萬的資金，再扣掉這五年的房租支出七十二萬，第六年的時候會有一百九十五萬資金。

如果拿來買七百萬的房子，自備款兩百萬、貸款五百萬，每個月本息攤還一萬六千八百元，第六年還剩下五百零四萬的房貸，如果還是用買價七百萬賣出，手上會有一百九十六萬資金。

其實這樣算下來，不論股票或是房子，實質差異並不大。

買房、買股，
兩個投資工具都是「中性」的，
沒有誰好、誰壞，
全看投資者本身的性格和能力。

	買房	買股票
資金	200 萬	
資產價值	700 萬	200 萬
30 年貸款本息合計	605 萬	–
5 年本息攤還（已付餘額）	100 萬 8 千	–
5 年房租支出	0	72 萬
5 年股利收入	0	67 萬
第 6 年的資金	195 萬 8 千（700 萬 – 605 萬 +100 萬 8 千）	195 萬（200 萬 – 72 萬 + 67 萬）

圖表 3-3 資產試算預估

但是，這都是在沒有變數狀況下的推論。

以上算法，摒除了投資「風險」和「機會點」兩個變數，就全看投資者的個性、承受風險的能力來做選擇。

◆股票的風險——

股票的風險在於，它並不能百分百保證每年都有百分之六的投報率，就算買到配息穩定的股票和ETF，如果這五年的時間遇到了股災，你未必能抱得下去，甚至因為操作不當，最後可能還會折損到本金，白忙一場。

◆股票的機會點——

有可能買到成長股，讓獲利呈現兩位數的成長，但這必須符合兩個條件之一：運氣夠好、技術夠好。

◆房產的風險——

這五年資金被卡死，如果臨時需要大筆資金，很有可能賠錢賣出。

◆房產的機會點——

因為通膨變高，或是當地發展，五年後的房價可能會更高。

這樣清楚條列之後，相信每個人依照自身的狀況和個性，都會有不同的選擇。

我自己評估事情的時候，會把「極度樂觀」的部分摒除，只看「最壞的狀況」，看自己是不是能夠承受。基本上我自己很有把握可以每年百分之六的報酬率，也覺得自己心臟夠強、有足夠的主動收入去應對股災的風險，所以會偏向投資股票。

但我公司的年輕員工，對股票工具不熟悉，投資個性也相對保守，住屋也是剛需（Inelastic Demand），對她而言，也許買房會更適合，而且自住宅只要住得越久，就越不會有賠錢的風險。

買房、買股，兩個投資工具都是「中性」的，沒有誰好、誰壞，全看投資者本身的性格和能力，所以在投資時，千萬不要跟風，因為適合別人的工具不一定適合你。

舉個例子，有些投資老師會在股票下跌時做向下攤平的動作，但遇到連續探底的股災，口袋深的大戶才有能力持續攤平、等待反彈，而小散戶的操作策略應該是設立停損點、認賠出場，讓自己先活下來。

所以投資之前，先好好地分析自己的個性和需求，才是聰明的投資者。

05

投資，別賠了青春，又折金

股票市場，是一個零和遊戲。有買，才有賣；有人賺錢，代表有人賠錢。

你知道在這個市場裡的對手有誰？除了我們這種「小散戶」，還有一批「法人」——公司、自營商、外國投資人、共同基金。

這些都是巨獸等級的對手，擁有大批優秀的研究人員、手握大筆的籌碼，你要跟他們肉搏戰，真的要藝高膽大才行。

有人這樣形容散戶和法人的實力：「散戶之所以以為自己贏，是因為他打敗了另一個比自己無知的散戶。像在迷霧大海裡划著獨木舟的勇者，認為自己划得很快、划得很好，還以為遠處隱隱若現的船隻是跟他一樣划著獨木舟的散戶，其實那是開航空母艦的法人。」

我找了幾個數字給你看看。根據某證券商的統計，只有百分之五的股票散戶賺錢，百分之〇・三的期貨散戶賺錢；股票市場上也有這樣的說法，十個玩股票的人裡面，有七個是賠錢的，兩個不賺不賠，賺錢的只有一個。

／

你一定會懷疑地問我：「可是我身邊的朋友都賺到錢啊！」小天真，因為這兩年處於「牛市」啊。

「牛市」（Bull Market）又叫「多頭市場」，指股市或經濟呈現長期上漲多頭格局的向上趨勢，市場充滿樂觀氣氛，就如同傳統牛市集的牛群般壯觀，故戲稱為「牛市」。

現在的牛市，是被資金行情帶動，因為各國實施量化寬鬆（QE）政策在救經濟，逼出太多的資金在市場上流動，這些資金必須找到一個出口，所以跑到了股市和房地產，才會有呈現持續股市多頭上漲的局面。

小時候的胖不是胖，
當你自以為是股神的時候，
把現在的賺錢模式當成「慣性」，
等總體經濟開始逆轉，就是跌下神壇的一天。

在這種向上趨勢的市場裡，賺到錢不難，所以這兩年冒出了很多「少年股神」，真的以為自己是股神。但股票投資是這樣的，小時候的胖不是胖，當你自以為是股神的時候，把現在賺錢的模式當成「慣性」，等總體經濟開始逆轉，就是跌下神壇的一天。

投資是一條漫長的路，一走就是幾十年，總體經濟，也是不斷地在變化。如果你的投資策略是「炒短線、做波段」重複著買、賣的動作，就長期來看，大部分是賠錢的，小則把之前賺的錢吐回去，大則猛開槓桿賠光身家。我想，這一定不是你想要的結局吧！我們要的是持續性的收入，而不是短暫的爆富。賠了青春，又折金，真的不是一個好的結局。

／

對於想要創造「被動收入」，但沒有太多投資資源、沒辦法承受風險的投資小白，千萬不要成為股市食物鏈的最底層，你只是在替大家的勝利買單。

我建議用「價值投資」為基礎，把「股息收入」當成目標，這才是適合小白的投資方法。雖然這種方法看在高手眼裡會覺得太慢、太無聊，但有個道理叫「慢慢來，比較快」。

只要能賺到錢，慢一點有什麼關係。

拿「煮菜」這件事做比喻：大廚大火快炒的花式廚藝，讓人崇拜，雖然你不會那種料理方式，但還是可以用悶燒鍋，把食材煮滾後，放進鍋裡，蓋好蓋子，過程中不要打開它。等時間到了，一樣是道成功的料理。

就算不會花式廚藝，你最終還是可以輕鬆地把食物煮熟，而且大廚還有可能要得太忘我，有翻鍋的風險呢！

06 理財先理心，給股市新手的四個心法

我和朋友說：「參與二〇二〇上半年的股市，真的可以讓人功力大增五年！」畢竟連巴菲特都說：「他活了八十九年才遇到這次。」

二〇二〇年的台股像坐雲霄飛車，從農曆年前一月二十日 12197 高點，掉到三月二十日 8523 的低點，狂洩了百分之二十九，如果這段時間你有持股，兩個月就賠掉三成身家，真的很慘烈。

這一波崩盤，我最慘時帳面賠了一百七十萬，不過我的心情並沒有太受影響，後來也靠著投資紀律，連本帶利地賺回來了。

不過我身邊有不少投資朋友，可不像我一樣，很多人像是遇到世界末日一樣亂了手

腳，最後賠錢出場。這一次的經驗，讓我收穫頗多，尤其是讓我體悟到「理財先理心」的重要，所以崴爺想和股市新手分享四個心法。

心法一：不能盡信節目、老師

當我持續幾個月看了海量的理財節目和文章，發現對於這次詭譎局勢，很多老師都失準，出現跌破眼鏡的狀況。

老師說：「短線台股可能會腰斬，破到六千點！」

專家說：「四月前會跌到七千點，要大家空手等低點。」

如果跟著老師做，這陣子應該很嘔吧！

當然啦，老師不是神！如果是神，就不用上節目領凡人的通告費了。

心法二：知道自己買了什麼

我不太碰電子股，唯一買的電子股是神基（3005）強固型電腦，因為我對這產業完全不懂，而且電子股漲跌非常大，大叔的心臟會負荷不了。

我很愛做功課，買股票之前會把觀察名單中的股票，每月、每季業績、EPS、殖

投資股票的目的，
絕對不是把自己搞到精神崩潰、傾家蕩產。
凡事都要遊刃有餘才行。
買股票，不是賭博；
如果愛賭，去賭場就好。

利率、ROE、ROA這些數字都確認過，再等待合理的價格進場、出場。

二〇二一年二月，我把比較多的持股比重，轉到房產股。雖然電視上專家、老師都喊房產會崩盤，但二月初，幾個房仲朋友告訴我，看房、成交的件數突然變多。為了求證，我跑了北部十多個預售建案，發現看屋人潮真的沒少，好幾個建案都快完售了。所以，我在二月底到三月分批入手體質不錯、十年內殖利率穩定的遠雄（5522）。

三月時，大盤跌到很慘，但我還是抱著不放、陸續加碼，因為知道自己買了什麼。三字頭陸續買進了六、七十張，之後這檔站上五字頭。

投資，一定要做好功課、找滿資料、耐心等待，自己的心才會穩，不會自己嚇自己。

心法三：不能All in

買股票，不是賭博；如果愛賭，去賭場就好。

有朋友跌到九千五百點時All in身家，以為已經見底，沒想到後來又再跌掉一千點，嚇得全部認賠賣出，錯過了後面的行情。有朋友覺得是二十年難得的翻身機會，用融券的方式買股，結果全都輸給大盤，被斷頭。

投資股票的目的，絕對不是把自己搞到精神崩潰、傾家蕩產，凡事都要遊刃有餘才行，切記切記。

心法四：要有持續收入

這一波，我和好友團常常一起互相交流、互相打氣取暖，我發現大家雖然都挫挫的，但都還沉得住氣，也都有能力逢低再佈局，大家的共同處是：都有持續的現金流入帳。

創業老闆、執業律師和本人小網紅，就算資金暫時被套在股票，還是有足夠的收入可以應付日常開銷，甚至有能力逢低加碼。股票，不就是比誰氣長，我就不信十年內不會再有高峰！但重點是，你要有本事活過十年。

07

別以「投資」之名，做著「投機」的事

根據證交所統計，二〇二〇年台灣二十至三十歲年輕族群，在股市的開戶人數已大幅成長至一百二十三萬人，這群新的股市投資人被稱為「小白」，也叫「首投族」，但這裡的首投不是投票，而是投資股市。

我認為「投資理財」應該是一個人「本業」之外，最重要的「第二專長」，甚至根本就是此生應該好好經營的「事業」。

畢竟小資族只靠收入，這輩子根本無法退休，只有「創業」或「投資理財」，才是崩世代青年的出口。

但涉世未深的「小白」在投資路上很容易「踩雷」或「自爆」，不過這都是成為「熟

手」的必經之路啦！想當年，我也是在投資這條路上付了不少學雜費。

我來講兩個投資小白的故事。

有次在髮廊，幫我洗頭的妹妹，看到我低頭滑手機、看著股票資訊，突然興奮地問我：「你有在投資股票喔！」

「對啊，妳也有嗎？」

話匣子打開後，她開始和我分享「兩個月」的投資經。

洗頭妹妹在髮廊工作快一年，戶頭存了四萬塊，她覺得放在銀行利息很少，加上身邊親友給的資訊，所以決定把這些辛苦攢下的錢拿來「投資股票」。

我和她說：「妳的想法很正確！」

銀行每年活存的利息是百分之〇．八，但通貨膨脹大約在百分之一．二，所以存在銀行的錢，只會越來越不值錢。

時間不只偷走你的青春，
也會偷走貨幣的價值。
所以說「投資理財」，
才是你此生的重要事業啊！

年紀	實質購買力
30 歲	100 萬
31 歲	98 萬
32 歲	96.1 萬
33 歲	94.2 萬
34 歲	94.3 萬
40 歲	82 萬

平均通膨率 1.2%

圖表 3-4 年紀與實質購買力

提到通貨膨脹，你還真不能小看它的威力。

你在三十歲賺到了一百萬，然後把它鎖在家裡的金庫裡，在每年通貨膨脹百分之一．二的狀況下，到你四十歲時，這一百萬只剩下八十二萬的實質購買力。

時間不只偷走你的青春，也會偷走貨幣的價值。所以說「投資理財」，才是你此生的重要事業啊！

我好奇地問洗頭妹妹：「妳買了什麼股票啊？」

她說：「買了一檔十多塊的電信股。」

我問：「妳為什麼會選這家公司？」

妹妹說：「我只有四萬，買不起貴的股票，聽朋友說這支會大漲，我看它很便宜，一張才一萬多塊，就買了三張。」

「沒想到買到現在，一直跌一直跌，錢都被套在那，不想認賠賣，但也沒有錢可以加碼攤平。」

我問她：「買之前，妳查過這家公司的營收、獲利狀況嗎？」

她回：「沒有欸！你剛說的那些資料要在哪看？」

真的是典型的「股市小白」，還沒做好準備，就跳入火坑裡。

我打開手機上的APP，點進了這家公司的資料，螢幕上出現一片綠油油的數字；她買的這家電信公司，EPS已經連十九季都是負數，營收連續衰退三年。

我認真地和她說：「妳買的這家公司一直在賠錢耶！」看到手機上綠色的數字，她臉也綠了。

我簡單和她解釋了一下，手機上這些數字的意義，她才恍然大悟，原來還有這些東西啊！

／

我的另一個朋友，這輩子沒買過股票，二〇二〇年初，她看到所有的媒體、投資專家都在吹捧台積電未來的光明前景，於是擠出四十多萬的存款，買進人生第一張股票：台積電（2330）。

我問她：「妳為什麼買台積電？」

她說：「我想投資，而且大家都說未來會漲到五百塊！」
我：「妳有看過它的ＥＰＳ、營收狀況嗎？」
她：「這是什麼？要怎麼看？」
我：「（愣）……不過台積電不錯，好好放著，應該有機會破新高啦。」
幾天後，台積電大跌十五塊，她跑來問我怎麼辦？
我說：「妳就放著，遲早會回來的。」
隔天開盤，台積電又跌了的幾塊錢，她承受不住帳面的損失，才買進不到兩週的台積電，就這樣認賠賣出了。
她信誓旦旦地說：「股票太恐怖了，從此我不要再碰股票。」
現在看看，台積電已經飛到六字頭了……。

／

「人云亦云，不知道自己買了什麼。」正是小白最常犯的錯！

你不懂就去買，那是「投機」；你懂才買，才叫「投資」。

在下場投資之前，請多看書、多看理財影片，現在資訊取得這麼方便，不備而戰，只能怪自己。

投資，必須有策略，不是一次性的梭哈。當你身上有一筆錢要投資，建議要有紀律，慢慢佈局。

我看過一位投資贏家「百分之五」的買賣策略，覺得很受用。

他舉例，先在某檔金融股「合理價」時買進二十張，「如果連二十張股票都買不起，不應該進到股市來。」這是他認為的基本條件。

以百分之五價格漲跌，買賣百分之五股票數量為基準。簡單來說，就是股價每跌百分之五，就買進一張股票，若股價漲了百分之五，就賣出一張股票。

「這樣的操作像男女跳探戈，一進一退，可賺取區間價差。」這位專家認為，買賣股票不需要花太多時間，只要有方法和紀律就能輕鬆獲利。

投資（機）大師科斯托蘭尼（André Kostolany）有句名言：「有錢的人，可以投機；錢少的人，不可以投機；根本沒錢的人，必須投機。」

有錢的投機者，有著更多本錢和機會，在一百次投機中，失敗四十九次，成功五十一次，他就靠這一次的差數就能成功。

我們大多數都是屬於錢少的那一群，一次投機失敗，就可能賠光身家，哪有下一次「投機」翻身的機會？

如果你資本不夠雄厚，又用投機的心態進入股市，最後一定是黯然出場，只有「懂方法」、「有紀律」、「有持續性收入」的小白，才會小資變大資。

我發現，只聽人家說、一次押身家的人，不在少數……。

可見許多人都在以「投資」之名，卻做著「投機」的事啊。

Chapter 4

財商實戰，金牛座的悶燒投資術

能力所及，遊刃有餘。

理財，是為了讓人生的風險變小，而不是製造更大的麻煩。投資股票不能只想著贏，重要的是別輸掉自己的人生。

投資多年，我深深體會「能力所及，遊刃有餘」八字箴言的重要！投資股票必須量力而為，才能賺到財富，也賺到人生。

01 本多終勝，擁有長期投資的底氣

關於「投資」這件事，「本業收入」才是根本。尤其是年輕的上班族，當你忙著衝事業、在職場發光發熱時，真的不該被「投資」佔去太多時間、消耗太多情緒。

雖然有不少都市傳說，某某某靠幾十萬本金滾成千萬身家、某某某靠一支飆股年賺百萬，但這些都不是「常態」，真正的常態是：韭菜被收割了、你又被套牢了……。在投資面前要學著「謙卑」，真的不要以為自己是那個萬中選一的奇才。

記得剛進入職場的前幾年，我非常熱衷在股市裡衝來衝去——早上一到公司就忙著看盤、下單，無心工作；中午收盤賠錢，整天的情緒變得很差，工作表現自然可想而知。

當我意識到這是一種「不健康」的生活模式，加上大半的積蓄被套牢，有好幾年我都不敢再碰股票。

沒有承受風險的能力、心態不成熟、不做功課、本業收入不足，這就是我在「入門時期」最大的問題。

後來，我心無罣礙投入本業，在工作上得到了不錯的收入，又歷經連續創業的過程，自己的心理素質已經不像當初那麼「嫩」。

這幾年，為了規劃退休（我的目標是五十歲退休），很用功地研究「投資理財」這件事，雖然還不到專業投資戶的程度，但我大概能抓到大方向，堪用、堪用。從二〇一八開始，每年都有不錯的投報斬獲，二〇二一年股票投資的獲利甚至已經超過我的預期，突破百萬。

我自己的投資大原則，就是要「順勢而為」。投資只要跟著「趨勢走」，長期下來雖不中亦不遠，就像開車一樣，只要方向正確，離目的地只會越來越近。

就是像巴菲特的滾雪球理論，找到方向正確的坡道（投資標的），讓雪塊慢慢滾下去（長期投資）。

把「投資」放在「本業」之前，
是本末倒置的事情。
你應該好好地把工作做好，
盡可能去發展多元的斜槓收入，
累積「本多」的籌碼。

對我而言，長期投資也像「悶燒鍋」一樣，把正確的食材放進鍋子裡，讓它慢慢悶燒，過程不用費心顧火候，也不要隨便翻攪，時間到了，料理也就自動完成了。

這個章節，我想分享長期投資的心法和原則，給忙著本業，又想「滾雪球」的朋友。

一、選擇「長期向上」的市場（產業）當坡道

買入長期向上的市場（產業），比起買個股，風險相對較小，雖然短波段還是會有上下震盪的可能，但只要長期趨勢向上，抱久了一定會賺錢。基本上抱著這樣的標的，你可以專心工作，不用花太多心思，就能享受到市場（產業）的紅利。

這裡先賣個關子，後面幾篇文章，會分享幾個我認為長期看好的市場和產業。

二、本多終勝，一定要有持續性的收入

剛入股市時，我不太能理解「本多終勝」的意思，但經歷過投資的起起伏伏，現在真的完全認同。

「本業收入」才是一切的「基礎」，擁有持續且穩定的本業收入，才是長期投資的底氣。

你不會因為一點風吹草動就「自毀坡道」，也不會因為短期的震盪就患得患失，把自己搞到精神緊張。

把「投資」放在「本業」之前，是本末倒置的事情，你應該好好地把工作做好，盡可能去發展多元的斜槓收入，累積「本多」的籌碼。

02 投資股票不能只想著贏，你要不能輸！

小時候，老家附近的雜貨店門口，放了幾台「水果盤」的電動機台。投進硬幣，就可以下注不同水果按鈕，輪盤燈號只要停在自己押注的水果，就能得到獎金。

當時有點鬼迷心竅，每天都把零用錢拿去「賭博」，想要賺更多的錢。

有一次，我又輸錢了，突然想到身上還有爸媽給我，要交給班上的旅遊費用，心裡想著：「只要把輸的錢賺回來就好。」

結果，和每個賭徒的下場一樣，輸的錢不但沒贏回來，還把要去旅遊的錢輸光了。我的下場就是被老爸海K一頓，外加不能參加那次的旅遊……。

還好，小時候就體驗過「賭徒」的滋味，所以長大後，我對投機僥倖的事，都避之唯恐不及。

「做人做事不能只想著要贏，而是要想著不能輸啊！」這也成為我現在的處世哲學。

我的朋友K就和我有著截然不同的價值觀。K在銀行工作，是本科系出身的金融研究員，他很擅長操作「短線」，K的輝煌紀錄是在短短三個月內靠飆股，賺進兩千萬，後來覺得太好賺，索性辭職專心在家操盤，目標賺到五千萬後，就收手退休。

K人很好，常常報明牌給我，我卻一次都不敢下手。

因為我去查了這些公司的營收資料，有的公司業績一直衰退中，有些連EPS都是好幾季呈現負數，這些股票明顯都是人為炒作出來的啊！我自知沒那個膽識，所以只是聽聽而已。

隔年，K踩雷了，不但將賺到的兩千萬全都吐了回去，還倒賠了幾百萬。我不知道他能不能東山再起，不過K現在的下場有點悽慘，輸掉了原本的工作，也輸掉了健康。

小時候體驗過「賭徒」的滋味，
長大後，對投機僥倖的事，避之唯恐不及。
「做人做事不能只想著要贏，
而是要想著不能輸啊！」
這也成為我現在的處世哲學。

另一位朋友D，他是個股市新手。

可能是新手運，投資前半年D每次波段操作都賺到錢，嚐到賺錢的甜頭，也讓他的胃口越養越大，

因為覺得本金越多、賺得越多，D甚至借了高額的信用貸款去重押某檔電子股，沒多久這檔股票直接腰斬，倒地不起。

後來，D處在一個不甘願認賠賣出，也沒籌碼攤平的窘況，看他每天為了籌錢還貸款煩惱，把自己搞得焦頭爛額，和當初意氣風發的樣子，判若兩人。

投資多年，深深體會「能力所及，遊刃有餘」八字箴言的重要！

投資理財，是為了要讓自己活得開心、過得無虞，而不是做超出自己能力的事，自找麻煩。賭徒式的投資方式，影響心情、有害健康，不是我們凡人能負荷的。

投資要量力而為，才能賺到財富，贏回人生啊！

03

主動投資 VS. 被動投資，誰好誰壞？

你一定常聽到這兩個名詞：「主動投資」和「被動投資」。

簡單來說，「主動投資」就是自己研究、做功課，判斷要買哪些股票（或投資組合）、自己決定進場、出場的價格和時間點。

「被動投資」是這幾年很流行的投資方法，基本上不用花時間去研究個股，而是選擇買進一籃子股票組合的指數型股票基金（ＥＴＦ）。

前者比較「狼性」，投資的目標是打敗大盤，獲得超過大盤的報酬率，只要能押對一支飆股，獲利可能是幾倍、幾倍的翻。

像是我朋友在二〇二一年四月，用四十塊買進了陽明（2609），短短一個月就標到了一百元，報酬率爆打大盤！

後者屬於「佛系投資」，不想冒太多風險、不想花太多心思，只求貼近大盤表現，目標是每年穩穩地賺到市場的報酬率或配息。

目前市面上的投資人，大部分是屬於狼性的「主動投資」，希望透過個股的波段操作，在最短的時間，得到最大的報酬率。

這兩種投資方式，沒有誰好誰壞，只有適不適合自己。

如果你已經累積一些投資經驗，敢冒險，也承擔得起風險，主動投資其實會蠻有趣的；如果你不想花時間研究、資本不夠，又怕賠錢，就安分地選擇「被動投資」。

還是一句老話：「慢慢來，比較快！」穩穩地，也是能賺到錢的。

對初來乍到的股市小白，建議七成以「被動投資」為主，三成資金可以試試「主動投資」，就當作練手感，增加經驗值。

對初來乍到的股市小白，
建議七成以「被動投資」為主，
三成資金可以試試「主動投資」，
就當作練手感，增加經驗值。

	主動投資	被動投資
定義	自己研究、做功課，判斷要買哪些股票，自己決定進場、出場的價格或時間點	選擇一籃子股票組合的指數型股票基金（ETF），不必花時間去研究個股
優點	•有機會選到飆股，短時間內獲利翻倍 •有機會選到強勢股，在大盤走跌時依然逆勢上漲 •殺進殺出的刺激感，和高獲利的成就感	•佛系投資，不需要花太多時間研究 •大盤長線看漲，買在高點也不用太擔心被套牢 •報酬率穩定，也可以有效分散風險，比較不容易患得患失
缺點	•研究個股花時間，付出並不等於回報 •心理素質不夠強大，很容易因為漲跌過大而破功 •可能買到地雷股，股票變壁紙	•短時間內看不到很高報酬率 •沒有買進買出的交易快感 •看到其他主動投資者賺得比自己多，很容易動搖

04 別小看「指數型ＥＴＦ」的複利威力

接著來談「被動投資」的兩個重點：「原型ＥＴＦ」、「長期投資」。

所謂「原型ＥＴＦ」，就是追蹤特定指數來買入相對應的現貨股票，以達到「貼近指數」的績效。這種追蹤指數的ＥＴＦ已經設定好購買的條件，它就像機器人一樣，比較不會有人為的變數干擾，一切按表操課。

原型ＥＴＦ因為追蹤的項目不同，也延伸出許多不同的產品。

有些是「追蹤產業」的ＥＴＦ，像是電動車產業、半導體相關產業指數、金融產業等。

另一種是追蹤「大盤指數」的ＥＴＦ，台股一般最常聽到的像是富邦台50（006208）、元大台灣50（0050）、元大高股息（0056），都是屬於追蹤「台股指數」的原型ＥＴＦ。

為什麼會建議不懂投資的人，可以選擇這類追蹤大盤的原型ＥＴＦ呢？其實不需要用太多文字解釋，直接看看下面兩張圖表就可以一目了然。

根據「台灣股市資訊網」的資料，你可以看到台股的走勢圖（圖表4-1），從二〇一二到二〇二二年，呈現不斷向上成長的趨勢。

圖表4-2是行政院主計處公布「台灣歷年來經濟成長率」的資料，除了少數幾季是負數，總觀而言，台灣經濟成長率一直在維持著正成長。

如果你投資的是這類追蹤台灣指數型的ＥＴＦ或是基金，就算是買在相對高點，只要是長期持有，基本上是穩賺不賠。

除非台灣經濟成長大幅衰退、持續負成長，不然應該都是會呈現這種向上趨勢。

我把二〇一二年到二〇二〇年台灣股市加權指數的走勢圖（圖表4-1），兩檔台股指數ＥＴＦ（0050、006208）的走勢圖放在一起比對，可以發現它們兩檔ＥＴＦ的曲線，是緊緊跟著台股指數。（圖表4-3、4-4）

買進追蹤大盤指數型ＥＴＦ，
是最簡單的投資方法。
只要是長期向上的市場，
你的資產都會跟著一起向上成長！

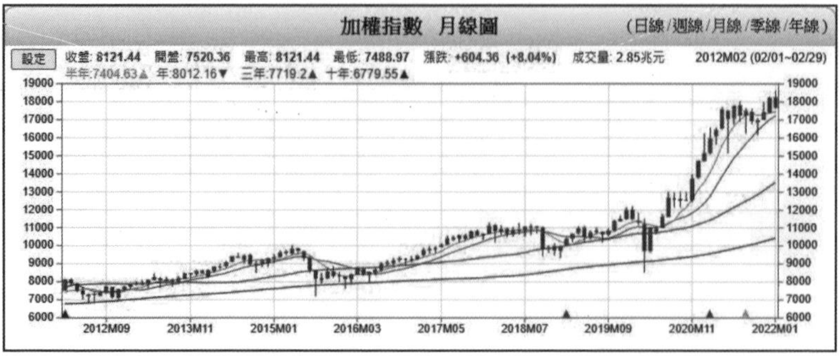

圖表 4-1 「台灣股市資訊網」台股走勢圖（2012 ～ 2022）

（查詢時間：2022/2/1）

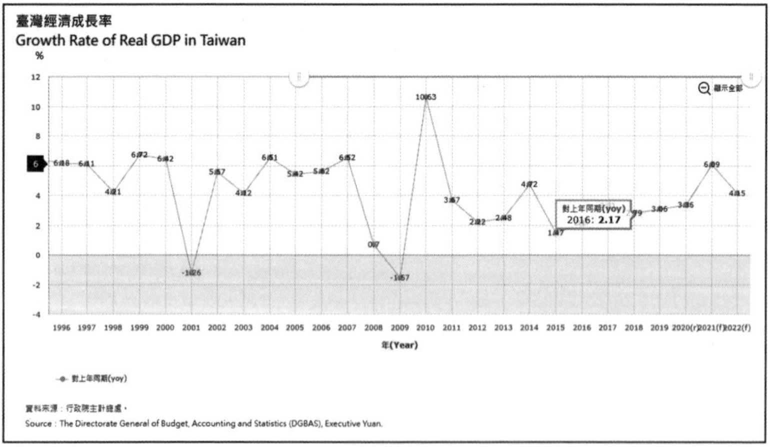

圖表 4-2

「行政院主計處」台灣歷年來經濟成長率（2012 ～ 2022）

（查詢時間：2022/2/1）

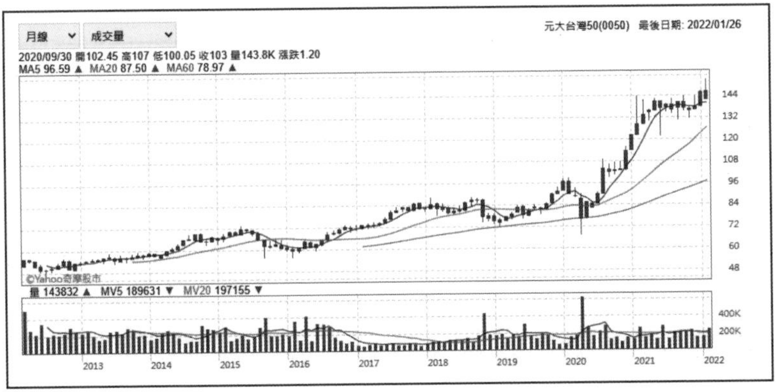

圖表 4-3 元大台灣 50（0050）的股價走勢圖（2012 ～ 2022）

（查詢時間：2022/2/1）

圖表 4-4 富邦台 50 （006208）的股價走勢圖（2013 ～ 2021）

（查詢時間：2022/2/1）

不懂投資沒關係，就買追蹤大盤指數型ＥＴＦ，讓資產跟著它一起成長吧！

台股ＥＴＦ（0050、006208）的年化報酬率大約都有百分之七至九，你只要放著，再把它們每年的配息收入投進去，長期下來，就會滾動出可觀的被動收入。

若是用前面提到的「72法則」計算，你的資產十年就可以翻倍，這就叫「躺著賺」！

是不是覺得投資好像沒那麼難了呢？

05 指數型ETF，怎麼買？

如果還沒開證券戶，趕快到附近的券商去詢問一下，或是上網找相關的資料，崴爺就不教這些可以簡單找到資料的事。不管是0050還是006208，購買方法就和一般的個股一樣。

假設你已經有了證券戶，有「三種策略」可以購入這些ETF，可以斟酌一下自己的狀況來執行。

單筆購入

如果手上有一筆錢，例如：年終獎金、定存到期……，可以選擇一次購入這類ETF，就把它當成是定存，只是換個形式存在股票裡。

前面說過，它的平均年化報酬率有百分之七以上，隨便都贏銀行百分之一左右的定存，假使臨時有急用時，也可以很容易地賣出變現。

單筆購入的前提是必須「長期持有」，請至少用「兩到三年」當作單位，才會享受到成長的果實。如果只是短期持有，你可能會因為買在波段的相對高點，賺不到錢喔！

定期定額

如果你沒有一大筆錢可以一次購入，也可以用每個月固定扣款的方式，定期定額買入，現在有開放零股買賣，就算少少的錢，也可以買入。

對於股市新手，最難判斷的就是「何時是買點？」定期定額這種不挑買點、規律、持續的購買的方法，最大優點是不怕買貴，可以讓你買在平均成本，達到降低投資風險的效果，很推薦給保守型的新手。

特別提醒：當你看到股市大跌、帳面虧損的時候，心臟還是要很強地繼續給它定期扣下去，不要因為害怕就停扣，因為用長期投資眼光來看，這才是好的買點。

當你決定採用任一種「購買策略」，
就不要再三心二意。
只要好好工作賺錢、好好生活，
靜靜地讓時間來滾動你的財富。

定期不定額

我自己是採取這樣的購買方式，平時固定買入，但遇到大盤指數大跌，我就加碼買進。這種方法比較容易買到相對低點，有機會提高投報率。但你口袋必須深一點點，不然你以為的低點，可能並不是低點，沒籌碼就很難執行加碼攤平的動作。

當你選擇「被動投資」的方法，可以採用上面其中一種「購買策略」，確定之後就不要再三心二意了。現在起好好工作賺錢、好好生活，靜靜地讓時間來滾動你的財富。巴菲特那句話，我再說一次：「人生就像滾雪球，只要找到濕的雪，和很長的坡道，雪球就會越滾越大。」

你手上那塊濕的雪，就是這種指數型ＥＴＦ；很長的坡道，就是你的時間。雖然不是飆股，但時間久了，它也是會滾成巨大的雪球。

前面提到的都是追蹤台股指數的ＥＴＦ，除此之外，我長期還看好「越南市場」和「電動車產業」，在台股中，它們也都有ＥＴＦ可以投資。接下來崴爺就來和你分享我看好「越南市場」和「電動車產業」原因。

06 錯過台灣、中國經濟起飛期，你該參與越南市場！

我們爸媽那一輩，享受過台灣經濟起飛的紅利，常有人形容那時候是「台灣錢淹腳目」的年代。如果能在當時買下都會區的房子或是投資到潛力股（台積電），下半輩子根本就不用為錢煩惱。

一九九九年開始，我們前一梯的前輩，搭上中國經濟快速成長的列車，一九九九到二〇〇四年那段時間，投資中國市場的人幾乎都可以賺到錢。

現在我們好不容易也變成大人了，但那些時代紅利，就像過站的列車，一去不回頭。逝者已矣、來者可追，雖然錯過前幾班機會列車，但下一班列車，還是會來的，只是車到站的時候，你有沒有勇氣上車呢？

我們的紅利在哪裡？接下來我提出兩個很大的機會點，同時整理了許多相關報導和研究資料，讓你參考看看。

越南市場：不容小覷的投資標的

越南國會通過關於二〇二二年經濟社會發展計劃的決議，將越南國內生產毛額（GDP）目標成長率訂在百分之六至六．五。另外，根據新加坡星展銀行（DBS）的預測，越南二〇二二年經濟成長（GDP）有機會上看百分之八。

和台灣相比，標普全球評級台灣子公司中華信用評等公司指出，二〇二二年台灣經濟成長率實質GDP成長率大約是百分之二．八。

GDP（國內生產毛額）指的是一國在特定期間內，所有生產的勞務及最終商品的市場價值，是反映經濟力的指標。通常GDP愈高，代表該國生產力愈高，經濟活動愈活躍，景氣也愈好。

八十年代，台灣政府推動金融自由化、貿易自由化及國營事業民營化等政策，積極放寬管制和保護，並設置了第一個科學工業園區，在這時期，台灣平均每年經濟成長也達到百分之七左右。從數字看來，越南目前正經歷如同台灣八十年代的榮景，是一個正

錯過了八〇年代台灣錢淹腳目的時代，
我們正面臨低薪、低出生率的窘境。
該去哪裡找到時代的紅利呢？

在快速崛起的經濟體。

越南現在的經濟榮景是曇花一現？還是有脈絡可循呢？我們進一步分析看看。

越南人均GDP在過去三十年到現在，成長了三十倍，甚至有經濟學者預言，未來越南的經濟產值有望超越新加坡。從歷史軌跡來看，越南是一個很年輕的國家，它正在複製台灣和中國以前的成長模式。

一九七五年 越南統一
一九八六年 開始改革開放
二〇〇七年 加入WTO
二〇一六年 歐巴馬訪問越南
二〇一七年 外資大量流入越南股市加速成長
二〇一八年 中美貿易戰（越南受惠）

一九八六年越南政府開始改革開放後，二〇〇〇年開始，越南經濟開始進入高度成長期。從二〇〇〇年到二〇〇七年，越南年平均經濟成長率達到百分之七・六三，這段期間，越南積極與國際簽訂許多貿易協定、加入ＷＴＯ。

也就是在這段時間，許多國家把投資目光聚焦在越南，平均每年獲得外國直接投資達一百三十億美元，讓越南躍升為亞洲五小虎（印尼、馬來西亞、泰國、菲律賓、越南）的行列。

二〇〇八年爆發全球金融危機，越南經濟成長率下滑，又面臨高通膨問題，在越南政府一連串的經濟措施因應下，二〇一二年之後終於開始回穩。越南政府通過了二〇一一至二〇二〇的十年發展戰略，開始強化國有企業、金融業、公共投資等各方面改革，這幾年已經看到了不少成效。

二〇〇九至二〇一五年，越南ＧＤＰ平均成長幅度達百分之六，高於東協的平均值，在匯率上，越南盾貶值幅度也較馬來西亞、印尼、菲律賓更穩定。

二〇〇八年到二〇一七年，外國投資越南的資金，平均每年增長百分之十二，二〇二〇年就算受到疫情影響，流入越南的外國直接投資仍高達兩百八十五億美元。比對二〇二〇年，台灣核准外國直接投資，核准投（增）資金額九十一億四千四百三十四萬美元。

你可能會問，越南憑什麼吸引這麼多外資青睞？

一、基礎建設

越南政府不斷強化國內的基礎設施是主要原因之一，二〇一七年越南基礎設施佔GDP比例高達百分之五・八（新加坡約為百分之二・三、印尼為百分之二・六、菲律賓為百分之二・二），從越南政府預算的編列就可以看出端倪。

我有一位金融業的好友，二〇一八年被外派到越南胡志明市一年，二〇二〇年再次被外派到此地。他說，才短短兩年，胡志明市的風貌已經截然不同，建設速度非常驚人，基礎建設與時俱進，成為越南經濟長期成長的底氣。

二、人口紅利

什麼是「人口紅利」？根據經濟學說法，人口紅利指的是「勞動人口」在總人口中的比例上升，伴隨而來的經濟成長效應，越南正是處於這樣的蜜月期。

從後面兩張圖表可以看到，越南整體人口在向上發展，在二〇一九年時，越南人口已經達到九千六百萬，創下歷史新高，根據聯合國及國家統計局的預測，二〇二五年前，越南人口就會突破一億大關。

越南歷年人口數量				
時間	人口數	男性	女性	增長率
2022	96,491,146	49.49%	50.51%	0.99%
2016	94.569.072	49.48%	50.52%	1.07%
2015	93,571,567	49.46%	50.54%	1.13%
2010	88,472,512	49.37%	50.63%	0.97%
2005	84,308,843	49.25%	50.75%	0.98%
2000	80.285.562	49.26%	50.74%	1.32%
1995	75,198,977	49.27%	50.73%	1.97%
1990	68,209,605	49.24%	50.76%	2.24%
1985	61,049,373	49.18%	50.82%	2.34%
1980	54,372,514	49.13%	50.87%	2.22%
1975	48,729,392	49.13%	50.87%	2.34%
1970	43.407,287	49.29%	50.71%	2.77%
1965	37,860,012	49.34%	50.66%	2.99%
1960	32,670,629	49.33%	50.67%	3.03%
1955	28,147,786	49.32%	50.68%	2.56%
1950	24,809,906	49.37%	50.63%	0.00%
說明：數據源於聯合國及國家統計局增長率				

圖表 4-5 聯合國及國家統計局 1950 ～ 2022 年

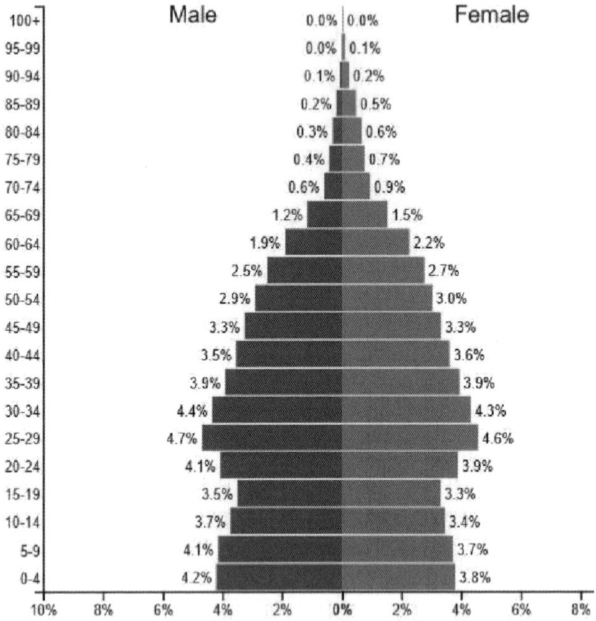

圖表 4-6 2018 年越南人口年齡結構

（資料來源：星展集團 / 製表 MoneyDJ.com）

另外，從人口結構來看，越南人口的中位數年齡只有三十二歲（台灣中位數約為四十二歲、日本約為四十八歲），越南充沛的年輕勞動力，對於刺激國內經濟有很大的幫助。

越南國家的特徵是人口結構年輕化、勞動力充足，加上持續正成長，有利於經濟發展，更能在全球景氣低迷下維持成長動能。

三、時勢造英雄

中美貿易戰讓越南出現難得的機會，成為外資積極佈局的國家。

受到中美貿易戰的影響，中國供應鏈逐漸分散到東南亞各國，其中，越南因為地理位置優異、政府積極發展基礎建設，也是全世界簽貿易協定最多的國家之一，特別受到青睞。

除了擁有充裕勤奮的勞工、工資又十分低廉，加上越南不過度依賴中國，不會在中美貿易戰中成為犧牲者。天時、地利、人和的條件下，成功吸引外資持續投入越南。

越南主要的外資包含：日本、南韓、新加坡、中國、香港，而且特別聚焦在電子製造業。越南電子產業群的崛起，主要歸功於亞洲區域電子產品供應鏈的結構性改變，全球許多科技龍頭將生產地轉移到成本較低的越南，也讓越南在二〇一九年一躍成為東協中第一大電子產品出口經濟體。

一九九〇年越南人均ＧＤＰ才九十五美元，二〇二〇年已經翻了將近三十倍到達二千七百八十五美元。有專家預測，如果越南能維持目前的增長速度，最快在二〇二五年經濟總產值就會超越新加坡，十年內晉升亞洲成熟經濟體行列，長遠未來甚至有可能成為下一個日本。

越南，是一個正處於成長期的國家，相較成熟、高齡化的已開發國家，未來「錢景」真的更讓人期待。

07 參與越南經濟成長，簡單入手的「越南ETF」

銀行工作的好朋友這幾年被外派越南，他看到越南的快速發展，早早在當地開了證券戶，打算要做長期投資。身在台灣的我們，有什麼簡單的方法參與越南的經濟成長呢？買入台灣50（0050）可以參與台灣大盤指數的成長，同樣地，參與越南的經濟成長，目前台股也有類似的ETF。

二〇二〇年富邦推出的富邦越南ETF（00885），這也是台灣第一檔追蹤越南市場的ETF，主要是追蹤富時越南30指數，聚焦在胡志明交易所，也是越南大型公司會掛牌的交易所，它的成分股大多為產業龍頭或國有企業。

我在這檔ETF上市前就已經申購，目前也是我打算長期持有的標的，它的買賣方式和 0050 一樣簡單。

根據富邦官方說法，「富邦越南ＥＴＦ」有三大特色：

特色一：台灣第一檔越南ＥＴＦ

特色二：聚焦胡志明證券交易所

特色三：當三十檔越南菁英公司的股東

台灣50的標的必須囊括台灣重要的公司，像投資台灣就一定要有「台積電」，而投資越南，就要有「和發集團」跟「越南牛奶」這種指標性企業，再依各公司的市值加權，讓好公司、市值大的公司權重高一點，富邦越南ＥＴＦ就是用這樣的條件來選擇標的。

這檔富邦越南ＥＴＦ主要投資的標的聚焦在三大主題，大概有半數以上權重放在跟經濟增長相關的產業，四分之一和消費相關，四分之一和政策改革有關。

富時越南30指數成分股，在越南各產業中都相當具代表性，第一大持股越南和發集團（Hoa Phat Group JSC），是越南最具代表性的工業股票，擁有一條龍價值鏈的鋼鐵企

當前的越南很像三十年前正要發跡的台灣，
雖然不能在台灣直接買越南股票，
透過投資越南的ＥＴＦ，
是參與這個市場不錯的選擇。

業，為越南工業股龍頭公司。

排名第二的是，以魚露聞名的 Masan Group Corp.，它是越南三大食品公司之一，提供民生消費必需品、肉類、方便麵和辣椒醬等。Masan 是越南知名食品品牌，可謂家喻戶曉。其他如有「越南三星」之稱的 Vingroup、越南最大牛奶公司 Vinamilk 等，都是越南 E T F 重要持股，也是帶動越南經濟成長的重要龍頭公司。

從圖表4-7可以看到，富邦越南 E T F 成分股中有許多房地產相關的企業，因為在經濟起飛的前期，最能間接受惠的就是房地產，所以富邦越南 E T F，有不少的成分股配置在房地產的項目。

當前的越南很像三十年前正要發跡的台灣，金融市場活絡、房地產起飛，我們不能在台灣直接買越南股票、券商也不接受複委託，透過投資越南的 E T F 是參與這個市場不錯的選擇。

我現在就是定期定額的買進，並且打算長期持有（至少三年），相信幾年之後，會有很不錯的獲利。

富邦富時越南 ETF（00885）		
產業	股票	比例
原物料	Hoa Phat Group Jsc	13.84%
核心消費	Masan Group Corp	9.88%
房地產	Vinhomes	9.70%
房地產	Vingroup Jsc	8.88%
房地產	Vincom Retail Jsc	7.69%
核心消費	Vietnam Dairy Products Jsc	7.54%
房地產	No Va Land Investment Group Corp	5.98%
金融	joint stock commercial bank for foreign trade of vietnam	5.98%
工業	Vietiet Aviation Jsc	4.42%
金融	Saigon Securities	2.99%

圖表 4-7 富邦越南 ETF 的主要成分股：
投資越南市值前三十大，依照市值加權，市值越大權重越高

08

不可逆的趨勢？電動車產業奮起！

提到長期向上的產業，「電動車產業」肯定是未來幾年的亮點。

不久前，我讀的碩士班正好在研究電動車專題，過程中蒐集了不少相關資料，讓我對電動車產業有更深入的瞭解。

「電動車」剛從導入期跨入成長期，未來的發展頗讓人期待，加上各國政策也推波助瀾，例如：歐盟已提案將在二〇三五年全面禁止內燃機的汽車新車銷售；美國也簽署行政命令，設定電動車銷量在二〇三〇年前佔新車銷量百分之五十的目標；鴻海也在打造ＭＩＨ電動車開放平台……，電動車產業的加速成長，指日可待。

我覺得這也算是一種「生活選股法」，有沒有發現，路上電動車的比例似乎越來越多，甚至身邊有不少朋友（還有我自己），也考慮把燃油車換成電動車了呢？未來，馬路上有一半以上都是電動汽車？這是很有機會發生的啊，因為這是一個不可逆的趨勢。

減碳議題

逐步淘汰燃油引擎、減少二氧化碳的排放，已是全球的共識。

二〇一九年聯合國氣候高峰會有七十七個國家及地區，宣誓在二〇五〇年達到「淨零碳排」；二〇二〇年新冠疫情爆發後，全球興起綠色復甦的浪潮，為了達到積極的減碳目標，許多國家已訂出「禁售燃油車」或「汽車全面電動化」的時程，這些推力都加速電動車時代的到來。

二〇二五年禁售燃油汽車：挪威、荷蘭

二〇三〇年禁售燃油汽車：德國、印度

二〇四〇年禁售燃油汽車：法國、英國、台灣電動車產業勢必在未來加速成長，這也算是一種「生活選股」，身邊有不少朋友（還有我自己），都考慮把燃油車換成電動車。

全球最大汽車市場中國，也正在研擬禁售汽、柴油汽車計劃，目前雖然還沒有正式的時間表，但估計緩衝期不會超過十五至二十年，預估中國在二〇五〇年之前會讓傳統燃油車的全面退出。其中，一級城市私家車預估會提前在二〇三〇年實現全面新能源化。

目前，台灣行政院針對空氣污染問題訂出的政策也提到，不僅要在二〇三〇年公務車輛全面電動化，同時二〇三五年起機車也要電動化，再來五年之後，二〇四〇年汽車也將進入全電動車時代。

這也代表著，可能從二〇四〇年起，台灣就不得再販售傳統燃油車。

政治角力

各國紛紛訂出禁售燃油車時間表，除了是環保的因素，另一部分原因，是為了擺脫石油國的控制。

美國是石油能源大國，在伊拉克戰爭勝利後，控制了伊拉克的石油，並且成為世界第一大產油國。隨著美國把高能耗低附加值產業轉移到國外，油價對美國自身的影響越來越小，因此石油價格成為美國制約其他國家的工具。

中國同樣如此，中國是全球最大的汽車銷售市場，但只要賣車，就要燒油。中國大部分的石油必須依靠進口，其中的三分之一被燃油車消耗掉，而大部分石油進口的管道，都受制於美國的勢力範圍。

這一波電動車崛起，就是各國政府的角力，要讓汽車產業重新洗牌，不想再讓傳統業者壟斷市場、不想受制於「石油」，所以各國勢必大力發展電動汽車，這也是改變目前汽車產業生態圈的最佳時機！

趁著這個百年難得一遇、汽車產業可能重新洗牌的時刻，不論是傳統車廠、電動車廠，甚至新創小廠，都傾全力研發創新，搶佔商機。歐洲運輸環境聯合會預估，二〇二二及二〇二三年，歐洲地區每年都將有三十款以上的電動車問世，到了二〇二五年，歐洲市場將有一百七十二款電動車可供消費者選擇。

研調機構 IHS Markit 也預測，在美國市場，二〇二六年將出現一百三十款電動車，由四十三個不同品牌車廠提供。

從趨勢看來，電動車產業是可以長期投資的標的，但我不太清楚電動車的產業鏈，也覺得單壓個股（例如 Tesla）有風險，所以最簡單的方法就是選擇一籃子的ＥＴＦ，目前台灣股市也有不少以電動車為主題的ＥＴＦ：國泰智能電動車ＥＴＦ、富邦未來車

ETF。

這兩檔ETF我都有買，兩者成分股、持有比重有些差異，網路上都找得到，你可以選自己喜歡的。

這種長期向上的市場，不管是長期持有、分批買進，幾年後都會有很高的勝率喔。

09

交給專家、穩健理財：高殖利率＋成長型台股基金

不管黑貓、白貓，只要會抓老鼠的貓，就是好貓。

不管是美股、台股，只要能讓你賺到錢的，就是好市場。

當大家趕流行買著似懂非懂的「美股」，你其實不必急著跟風，因為台股就是很不錯的投資標的，除了這是我們最熟悉的投資環境，從長期的趨勢來看，台股從二〇〇六年起，累積漲幅高達百分之兩百六十八，其中更有十一年是正報酬，如果還原每年台股配息，現在台股都三萬五千點了。

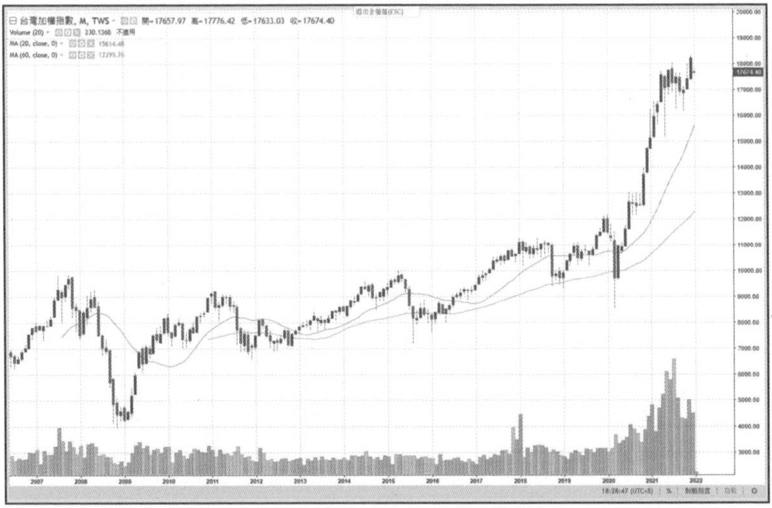

圖表 4-8 加權指數長期走勢向上

（資料來源：鉅亨網）2022/2/4 查詢

其實台股就是很不錯的投資標的，
除了是我們最熟悉的投資環境，
從長期趨勢來看，
其中更有十一年是正報酬。

台股有兩個特色：一是「長期向上」，二是「短期波動」。台股「長期向上」代表長線投資人，只要買對好股，多數是賺錢的；「短期波動」對於沒有時間研究、做功課或許會受傷，對懂得投資的專家則是創造低成本進場好機會。

台股每年都有漲一倍，甚至漲三倍的標的，但大部分的上班族沒有時間研究股票，也很難掌握產業輪動、時時追蹤個股基本面的變化，而錯過低點買進的機會。

投資很重要，但打拚本業更重要，如果不知道怎麼選股，交給專業經理人操作是一個簡單，又有效率的方法，就像我們想穿新衣服，大部分的人都會上網或是到店家買，雖然也可以自己做，但太花時間，交給專業的人士，會比我們自己投入更可行。

因為研究股票就是專業經理人的日常，他們天天追蹤股票的基本面，花時間找出便宜好股票，在產業輪動的時候換股，肯定比投資小白還專業，雖然投資基金會扣一點基金管利費用，這等於是你用極低的價用去聘請一流的投資高手幫你代操，我覺得十分合理。

對於年輕的投資人，建議可以選擇「成長型」的台股基金；基金投資標的除了具備「高殖利率股」之外，還兼具「價值成長股」的條件。

有些基金產品標榜「固定配息」、「高配息」，但這中間是有陷阱的，因為高股息、固定配息的基金產品，很可能是拿你自己本金出來配給自己，等於是「左口袋」的錢流到「右口袋」，完全失去了投資的意義。

所謂的「分紅」應該是資本利得，也就是基金買賣賺到的價差來分配獲利給投資人，是從獲利去分出部分紅利，然後保留部分獲利來繼續投資滾動，這樣才能發揮到長期投資的複利效益。

另外，「基金分紅」和「股票配息」也不一樣。「配息」是股利收入，是買股票的股利、存在銀行的利息收入，都要合併所得課稅；「分紅」是在股市買進賣出賺到的錢，叫資本利得，依現行台股制度是不用課稅的。

在選擇標榜「分紅型、高配息、固定配息」的基金產品時，要特別注意一下上面幾個重點。

【同場加映】復華台灣好收益基金

市場上有非常多標榜「配息」的基金，卻忽略的申購基金時的一個小漏洞：本基金之配息來源可能為本金。

也就是在獲利不佳的狀況下，許多「基金」的配息，通常會拿投資人的部分「本金」來支付，投資人雖然領了股息，卻侵蝕了本金，面臨負報酬的狀況。

這檔「復華台灣好收益基金」主打的特色就是：完全不動到本金，而是百分之百配發已實現的資本利得，因此也能稱作「分紅基金」。

分紅機制

本基金主打不配本金，只採用已實現之資本利得（基金所賺到的價差），進一步來說，這就是分紅制度，所以本基金也可稱作「國內首檔分紅基金」。

（註：本檔基金之可收益分配，為已實現資本利得扣除已實現資本損失，且在進行收益分配前，還要扣掉未實現資本損失、應負擔之淨費用。）

有關分紅制度的詳細內容，整理如下表：

復華台灣好收益基金分紅制度	
可分紅情況	基金淨值需超過十元（發行價），且分紅後淨值不得低於十元，同時，投資人所分配到的收益需超過（含）一千元以上，才可進行收益分配。
不可分紅情況	基金淨值低於十元，或分紅後基金淨值低於十元，則不進行收益分配，避險侵蝕本金。另外，若投資人分配到的收益低於一千元，也無法拿到分紅。
＊資料來源：復華投信	

根據公開說明書、基金月報，「復華台灣好收益基金」將依景氣循環位置、資金動向或台股評價面等多項指標，調整整體持股比例與各產業配置的權重。目前主要優先佈局台灣較具成長性的產業，如：半導體、5G、電子零件組、金融業等，但會動態納入景氣循環股，增加基金獲利動能。

優、缺點

投資人買進復華台灣好收益基金時，有哪些優缺點需要注意：

優點	一、復華台灣好收益基金是以資本利得分紅，而非配發股息，所以在稅務方面，投資人免課徵綜合所得稅、健保補充費。 二、本檔基金的選股策略，不會特定聚焦科技股，而是評估當前景氣循環位置、市場資金動向等指標，再納入具有成長潛力的公司個股。
缺點	一、有可能不會領到分紅。（若淨值低於十元，或分紅後會導致基金淨值低於十元時，不發放分紅） 二、目前基金的持股比重，有五成以上集中在半導體類股，可能會有產業集中的潛在風險。

投資台灣市場，除了大家熟悉的ETF之外，由專業經理人代操的台股基金，也是可以考慮的標的。

結語

人生，有很多種演法，我想要「先苦後甘」的喜劇

寫這本書的時候，一直回想起以前的種種。

剛出社會工作的前幾年，我領著不到三萬的薪水，和室友住在租金五、六千元塊的套房，每天斤斤計較所有的花費，把自己大部分的時間都用在賺錢。

我給了自己努力的目標，希望在六十歲之前能攢到幾千萬的資產。不過，我怎麼算，好像都不可能達到這樣的數字啊……。

後來幾年，我選擇創業開餐廳，那又是一場悲劇的開始。六年裡，不但把餐廳給搞倒了，還欠了百萬的債務。

沒有背景、沒有支援的人，就像沒有撐傘的孩子，要不就在大雨中自怨自艾，要不

就努力地往前跑。

／

三十二歲，我的人生歸零，重新開始。

一轉眼，現在的我已經是一個四十有八的大叔，出這本書的時候，也終於實現年輕時訂下的目標。

我很清楚，對一個沒有背景的人，要談「財富自由」是有多麼遙不可及，必須比別人更有狼性、更努力工作、更積極斜槓、更懂得理財投資。

三十二歲之後，我就是這樣地活著。

在充滿「對未來絕望，不如躺平」的時代氛圍下，希望替少數仍抱著希望的人們打氣（對，就是拿起這本書的你啊），也提供我認為可行的方法。

也許有人酸這些都是「雞湯文」，但你只要「補到」，這就是有用的雞湯，不是嗎？

達到財富遊刃有餘，並不是一蹴可及的事，除非你幸運地嫁（娶）入豪門，或是中了頭彩。以下三個步驟，是我在這本書最後的叮嚀：

一、請把本業做好、多與人爲善，這些會讓你得到更多的「機會」。

在職場上，並不是為了要賺三萬、四萬的薪水，如果你是這樣想，那麼你賺到的東西，真的太微薄了！比月薪更值錢的事情，就是「賺到機會」。

這一路上，我的貴人不少，但這些貴人並不是平白無故地給我機會，肯定是我做對了什麼。

在職場上，讓自己成為可以被信賴的人、少結仇多結緣，把自己當成一個品牌長期經營，要記得「貴人其實不在天邊，他們就在你身邊」啊。

有貴人的幫助，你才有可能擁有一對翅膀，把自己帶到另一個層次。

二、樂於學習、積極涉略各種領域，你就有「斜槓」的可能。

如果我是個不喜歡學習、不積極涉略各種領域的人，會變成怎樣呢？

如果，沒有好奇做網拍，我就不知道電商在做什麼。

如果，沒有學會數位行銷，我的腦袋可能還是舊媒體的思維。

如果，沒有成立粉絲團，我就搭不上自媒體時代的列車。

也就是這些，讓我日後有更多斜槓的機會，可以加速累積我的收入。

三、帶腦投資理財、用錢賺錢，你就有財富自由的一天。

前面提到的兩個步驟都只是工具，不是目的，它們是為了要幫你打造這輩子最重要的「理財事業」。

用賺到的錢，去做穩健的投資理財規劃，讓錢幫你賺錢，這樣你才有可能有脫離社畜生涯，得到真正自由的一天。

／

人生，有很多種演法，但我想要「先苦後甘」的喜劇。

與其，享受當下的小確幸，換將來的不確定，我寧願，用年輕的汲汲營營，換未來的遊刃有餘。

願我們在七老八十的時候，都是上流老人，優雅且有尊嚴地過生活。

國家圖書館出版品預行編目 (CIP) 資料

別在該理財的年紀，選擇放棄 / 崴爺 .-- 第一版 .-- 臺北市：博思智庫股份有限公司，2022.03 面；公分

ISBN 978-986-99916-6-7(平裝)
ISBN 978-626-95733-2-5(平裝)

1. 理財 2. 投資

563 110008417

GOAL 40

別在
該理財的年紀
選擇放棄

作　　者｜崴　爺
攝　　影｜楊凱文
封面設計｜黃若軍、陳康楚
手 寫 字｜廖芝瑩

主　　編｜吳翔逸
執行編輯｜陳映羽
美術主任｜蔡雅芬
媒體總監｜黃怡凡

發 行 人｜黃輝煌
社　　長｜蕭艷秋
財務顧問｜蕭聰傑
出 版 者｜博思智庫股份有限公司
地　　址｜ 104 台北市中山區松江路 206 號 14 樓之 4
電　　話｜ (02) 25623277
傳　　真｜ (02) 25632892

總 代 理｜聯合發行股份有限公司
電　　話｜ (02)29178022
傳　　真｜ (02)29156275

印　　製｜永光彩色印刷股份有限公司
定　　價｜ 320 元
第一版第三刷　西元 2022 年 03 月
第二版第二刷　西元 2023 年 04 月

ISBN 978-986-99916-6-7 (平裝) 一般版

博思智庫股份有限公司
博思智庫粉絲團　Facebook.com/broadthinktank

看事情的方法只有一種,
直到有人給我們點出一個不同的角度 - 畢卡索

" There is only one way to see things,
until someone shows us how to look at them
with different eyes " — Pablo Picasso

想吃
美食
Bye!
TWO
想去旅行
想跑
活動
Travel.yam.com
輕旅行
全台最讚旅遊資訊分享平台
輕旅行 Light Travel
我們兩歲了
2nd anniversary